Ouvrage publié avec le soutien du Centre Régional des Lettres Midi-Pyrénées.

Création graphique : Laurence Maillet

Parc Saint-Joseph - BP 3522 - 12035 Rodez Cedex 9
Tél. : 05 65 77 73 70 • Fax : 05 65 77 73 71
www.lerouergue.com • info@lerouergue.com

Un goût d'Aveyron

Textes de **Catherine Couderc-Vexiau** *Avec des recettes de* **Nicole Fagegaltier**
Photographies de **Christine Fleurent**

Richesse des terroirs et du savoir faire
Aveyronnais, cuisiner devient un plaisir
A Belcastel
Le 2 Mai 2010
Nicole FAGEGALTIER.

ROUERGUE

sommaire

Deux conseils de Nicole Fagegaltier :
• lire plusieurs fois une recette avant de commencer.
• une recette, il ne faut pas la reproduire, il faut se l'approprier et l'interpréter, l'adapter à sa propre sensibilité et au marché.

Que l'on parle de l'Aveyron et aussitôt viennent à l'esprit des noms évocateurs de paysages singuliers, de plaisirs de la table : plateau de l'Aubrac, causse du Larzac, rougier de Marcillac, aligot, roquefort, mansois… Ce département aux terres couleurs de vin et de miel, généreuses et exigeantes, a su conserver une identité forte, dynamiser la vitalité de ses campagnes et préserver une nature sauvage.

Véritable carrefour de terroirs, de climats et de saveurs, l'Aveyron, qui épouse pour l'essentiel les limites de l'ancienne province du Rouergue, a hérité d'une mosaïque de paysages riche de contrastes. Pour s'en faire une idée : aux riches pâturages du nord, les belles vaches d'Aubrac et le fromage de Laguiole ; aux prairies du Ségala, au centre du département, le veau et les céréales ; au vallon de Marcillac, le vin dont le cépage traditionnel est le mansois ; et au sud, les brebis et les grottes des plateaux calcaires, berceau du roquefort… Mais le patrimoine culinaire aveyronnais ne saurait se réduire à quelques produits d'excellence, renommés à juste titre, et parfois dans le monde entier. Chaque pays de l'Aveyron possède ses produits de bouche, ses recettes, que l'amateur de saveurs qui musarde sait découvrir au gré des marchés ou des bonnes tables qui émaillent le territoire.

Parmi ces lieux de gourmets, il en est un tout particulier tenu par une chef étoilée, Nicole Fagegaltier, le *Restaurant du Vieux Pont* à Belcastel. Son pigeon croûté de cèpes aillés et confit d'oignons au genièvre, sa raviole de pied de veau, foie gras de canard au bouillon de safran, sa poire chocolat-roquefort sont l'expression d'un talent qui se ressource dans le riche répertoire traditionnel. Cuisinière au fort tempérament, elle nous offre une cuisine d'aujourd'hui, inventive, goûteuse et sincère.

À travers soixante-quatre de ses recettes, nous vous proposons de sillonner le département, de parcourir les chemins à la rencontre des traditions culinaires, des produits emblématiques… de découvrir les saveurs des pays d'Aveyron.

Les pays d'Aveyron

Catherine Coudero-Vexiau

Il faut descendre le flanc abrupt d'un vallon boisé pour découvrir le fil scintillant d'une rivière, l'Aveyron, où se reflètent les arches d'un pont du XVe siècle.
De ce pont pavé de galets se révèle la beauté d'un village médiéval. Ses maisons étroites aux toits de lauzes de schiste irisé s'étagent jusqu'à un château fort : nous sommes à Belcastel. Là, dans la quiétude du bord de l'eau, se trouve le Restaurant du Vieux Pont où, depuis plusieurs générations, la famille de Nicole Fagegaltier élabore une cuisine inspirée.

La mère de Nicole, Marcelle Fagegaltier, comme sa mère avant elle, proposait dans l'auberge familiale des plats d'une parfaite simplicité – on venait de loin pour manger la friture de goujons ! Le poulet aux oignons et le chevreau à l'oseille étaient connus de toute la région. Son mari s'occupait de la ferme, dont volailles, cochons, lapins, fruits et légumes du potager, constituaient l'ensemble des menus. On profitait de la chaleur du four pour glisser quelques gâteaux à la saveur incomparable. Émotions et souvenirs d'enfance restent forts pour Nicole, et elle évoque avec délectation la fouace, cette brioche aveyronnaise au parfum si subtil de fleur d'oranger…

Le soir, l'écolière passait naturellement par la cuisine à l'ambiance chaleureuse, ne manquant pas de soulever un couvercle et goûtant avec gourmandise le plat qui mijotait. Elle aimait l'odeur de la forêt sortant d'un beau panier de girolles, écoutait parler des premières asperges ou du parfum des tomates. Ces notions originelles de fraîcheur, d'authenticité d'un produit, cette transmission du plaisir sont ancrées en elle. De tout cela naît une certaine culture du palais, une identité profonde du goût.

Après des études hôtelières à Souillac puis à Toulouse, Nicole reprend naturellement le restaurant en 1983. Elle a beaucoup appris auprès de sa mère. Sa cuisine d'instinct, au départ familiale, monte en saveurs. Nicole se forge rapidement une clientèle ; la famille fidèle est toujours

prête à donner un coup de main. Pendant la rénovation du restaurant, Nicole s'inscrit en 1986 au Championnat de France du Dessert et remporte le titre avec ses Pommes en aumônière. Sa notoriété s'accroît. Avec beaucoup d'invention et de rigueur, elle s'appuie sur la cuisine du terroir, l'enrichit et imagine de nouvelles associations. Sa sœur Michèle la rejoint. Elle deviendra une sommelière avisée.

En 1991, le Restaurant du Vieux Pont décroche sa première étoile au Guide Rouge. C'est maintenant une cuisine à quatre mains qui se joue : le mari de Nicole, Bruno Rouquier, est dorénavant le complice de tous les instants. Formé lui aussi dans une école hôtelière, il a débuté chez le chef aveyronnais, triplement étoilé, Michel Bras, qui a su lui transmettre sa passion pour la cuisine et lui permettre de l'aborder d'une façon différente, personnelle.

Si Nicole et Bruno partagent leur passion pour la cuisine, leurs parcours et leurs façons de faire sont complémentaires. Nicole travaille surtout le goût, de manière instinctive. Bruno est plus réfléchi, cartésien et pragmatique. Au fil des saisons, les légumes et les herbes sont leur source d'inspiration. Jouant des saveurs d'ailleurs découvertes en voyage, ils aiment les mariages inattendus mais cohérents qui subliment les contrastes entre le rustique et le raffiné.

« Entre nous, on échange nos idées, on note, on goûte, on doute ! La famille, mais aussi l'équipe, critiquent sans complaisance… La modestie et la remise en question permanente demeurent une obligation. »

Nicole, toujours à l'écoute de sa clientèle, apprécie cette convivialité et, souvent, elle accueille des fidèles dont les parents et grands-parents étaient clients du Restaurant du Vieux Pont. Son fils Paul aura-t-il lui aussi la vocation ?

Le mercredi et le samedi, Nicole ou Bruno vont au marché de Rodez pour choisir les légumes cultivés par les maraîchers locaux. Ils donnent la part belle aux produits de l'Aveyron.

Se laissant guider par un paysage, une couleur, une senteur, Nicole n'oublie jamais ses émotions. Elle travaille avec finesse et sait assembler judicieusement ingrédients et épices : huile de genièvre ou bouillon de safran… tout en utilisant aussi des produits plus pauvres, comme le pied de porc, les lentilles…

Avec sincérité, elle sublime textures et odeurs qui restituent les goûts de l'Aveyron, préservant ainsi l'identité culinaire d'une région où le « bien manger » est une composante de la culture.

montagne

Formée de lave et de granit, la montagne aveyronnaise surprend par la diversité de ses paysages : grands ensembles dénudés, riches pâturages, tapis de fleurs, belles hêtraies épurées, impressionnantes gorges boisées… C'est un pays d'élevage et de production fromagère où la vache de race aubrac est parfaitement adaptée aux hivers rudes et aux étés généreux.

Au nord du département, sur les contreforts du Massif central, voici la montagne aveyronnaise, modeste par l'altitude {elle culmine à **1 469 m**}, mais si forte en saveurs et parfums ! Carladez, Viadène, Aubrac : trois pays de pâturages, de fermes aux toitures en lauzes de schiste, d'estives et de bon foin. Leurs vaches parfaitement adaptées à la montagne donnant un lait de qualité et des fromages goûteux. Ici, les hommes se disent toujours *montagnols* et fiers de l'être !
L'histoire du nord de l'Aveyron est indissociable de l'exode rural du XIXe siècle et du début du XXe siècle. Une communauté très importante se fixe à Paris, plus modestement à Toulouse, Montpellier, Marseille, mais aussi en Argentine, au Chili et en Californie ! Courageux, tenaces et économes, nombre de montagnols deviennent alors *bougnats* {mot dérivé de charbonnier} : ils livrent à domicile le bois et le charbon, ainsi que le vin et la limonade dans les débits de boisson. Très soudée, la communauté aveyronnaise de la seule région parisienne serait aujourd'hui plus importante en nombre que les **273 000** Aveyronnais du département. Quant aux hôtels, cafés ou restaurants, il y en aurait environ **6 000** en Ile-de-France. Aujourd'hui encore, chez les bistrotiers originaires de l'Aveyron, vous trouverez toujours un peu de saucisse sèche, une belle tranche de jambon cru et du vin d'Entraygues et du Fel.

Lorsque l'on arrive sur le plateau de l'Aubrac en venant du sud, quittant la paisible vallée du Lot et Espalion, on prend vite de la hauteur. Le bocage disparaît, la végétation se raréfie, on découvre au détour d'un virage d'immenses pâturages dénudés, presque lunaires. Parfois, on est surpris par une telle diversité de paysages sauvages : steppes,

tourbières, coulées de lave, blocs de schiste et basalte, granit ; fleurs par centaines, ruisseaux limpides {les *boraldes*} entaillant la montagne, lacs dépouillés, somptueuses forêts de hêtres roux en automne, lumières changeantes… C'est la magie de l'Aubrac.
Le dimanche le plus proche du 25 mai, pour la Saint-Urbain, date fixée par les moines au Moyen Âge et inchangée à ce jour, on peut voir les vaches de la race aubrac arborant drapeaux et couronnes de fleurs, monter lentement au son des cloches puis s'éparpiller sur tout le plateau.
30 000 vaches et leurs veaux se régaleront de ces merveilleuses prairies, dites d'estive, jusqu'à la mi-octobre pour la Saint-Géraud, date de la descente {la *davalda* en occitan}. Dans cet immense paysage en dehors du temps, ces troupeaux amplifient la quiétude du lieu.
La vache aubrac contribue depuis l'époque médiévale à la valorisation des terres d'altitude défrichées par les moines. Avec sa robe couleur des blés, son mufle sombre, ses yeux cerclés de noirs entourés de blanc et ses cornes aux pointes noires bien équilibrées vers le ciel, elle est facilement reconnaissable. Solide sur ses aplombs, elle est robuste. Féconde, avec une facilité de vêlage exceptionnelle, c'est une bonne mère nourricière avec un lait particulièrement riche en caséine {50 g par litre}. Elle s'adapte aussi bien à la rigueur des hauts plateaux qu'aux fortes températures d'été.
Les bœufs bien dressés, reconnus pour leur excellente capacité de travail dans des conditions climatiques difficiles, ont été vendus à travers toute la France. À Laguiole {prononcer *Layole*}, on ne peut manquer la légendaire et imposante statue de bronze, Le Taureau de Georges Guyot. Ce taureau, symbole du souvenir des concours du plus beau reproducteur, marque le renouveau du dynamisme agricole. Des éleveurs tenaces et quelques paysans fidèles ont su sauver et préserver ensemble la race bovine aubrac, et créer la Coopérative Jeune Montagne dans les années 1960, et ainsi relancer la fabrication de le fourme de Laguiole. À partir de 1979, l'Union Aubrac s'occupe de l'amélioration de la race et, depuis 1996, l'UPRA est chargée de la sélection et de la promotion de cette race maintenant présente en Midi-Pyrénées et Languedoc-Roussillon, en Corse et en Irlande, et même jusqu'en Sibérie ! le photographe Yann Arthus-Bertrand a immortalisé quelques beaux spécimens de ces magnifiques taureaux à l'encolure sombre souvent confondus avec des bisons par les touristes.

Le fromage

Au Moyen Âge, les moines défrichèrent les hêtraies de l'Aubrac et en chassèrent les brigands qui détroussaient de leurs biens les pèlerins venant du Puy-en-Velay qui passaient par la voie romaine, la via *Podensi*, pour se rendre à Saint-Jacques-de-Compostelle, et faisaient halte à la maison hospitalière, la Dômerie d'Aubrac.
Devenus grands propriétaires terriens, les moines installèrent des troupeaux de moutons et de vaches et produisirent des fromages. Peu à peu, les moutons laisseront la place aux vaches. C'est à partir du XVIe siècle que l'on parle de « fromage d'Aubrac », la fourme d'aujourd'hui. Au XIXe siècle, la tomme de Laguiole était fabriquée de mai à octobre dans les burons {*los masucs* en occitan}, bâtiments en pierre couverts de lauzes dispersés dans les immenses pâtures d'altitude où les buronniers travaillaient durement. Le pastre était responsable du troupeau, mais il aidait aussi le cantalès, chef des buronniers, à la traite et à la fabrication du fromage.
Aujourd'hui, les burons sont parfois transformés en restaurants où l'on déguste le fameux aligot. L'origine de ce mot remonterait au Moyen Âge. Les pèlerins qui traversaient l'Aubrac par tous les temps, harassés et affamés, demandaient « quelque chose » à manger aux moines de la Dômerie d'Aubrac : *aliquid* en latin, qui se transformera en *aliquot* puis aligot. Ils recevaient alors comme pitance du pain et du fromage. Il existe encore une recette ancestrale d'aligot au pain.

La fabrication du fromage

Le laguiole, AOC {Appellation d'Origine Contrôlée} depuis 1961, est préparé à ce jour selon les méthodes employées par les buronniers d'autrefois : les *cantalès*, maîtres fromagers de l'époque. Le cahier des charges est très strict. Le lait cru et entier provient de la zone d'Appellation d'Origine Contrôlée, sans ensilage, c'est-à-dire sans fermentation du fourrage ; seules les vaches aubrac et simmental donnent leur lait. L'été, les troupeaux paissent en altitude, c'est l'estive, elle est obligatoire.
C'est un fromage à pâte pressée non cuite. Une fois égoutté, pressé et maturé, le caillé forme des blocs appelés « tommes » ou « tomes »,

Recette de l'aligot pour 4 personnes

1 kg de vieilles pommes de terre {bintje ou mona lisa}, 400 g de tomme fraîche de Laguiole, 200 g de crème fraîche, 1 gousse d'ail {facultatif, c'est une véritable polémique dans les familles !}. Préparer une purée de pommes de terre, ajouter la crème, l'ail, le sel et le poivre. Chauffer et mélanger la tomme fraîche en morceaux à la purée et… au travail ! Remuer vigoureusement et sans cesse, toujours dans le même sens, jusqu'à ce que la masse se détache des parois de la cocotte… Cela prend du temps, et attention à la tendinite !
On dit que l'aligot file. C'est le ruban de l'amitié qui se coupe avec des ciseaux.

Ci-contre : préparation de l'aligot dans un ancien buron. / Ci-dessus : tomme fraîche, élément de base de l'aligot.

éléments de base du fameux aligot et autres plats comme la truffade ou le rétortillat. Broyée, salée et mise en moule, la tomme est pressée de nouveau progressivement durant 48 heures. Dernière opération, l'affinage. Il se fera lentement dans les caves froides et humides durant 4 mois au minimum.
La fourme imposante de Laguiole, de forme cylindrique, pèsera au final 46 kg ! Pas facile à manipuler, mais, depuis des siècles ces énormes fromages permettaient aux *montagnols* de les conserver et de les échanger contre du vin, du sel ou autres denrées : en Aveyron, il y a toujours eu complémentarité entre la vallée et la montagne. Plusieurs affinages vous sont proposés :

• *Le laguiole AOC avec 6 mois d'affinage*, au goût lacté, est équilibré et légèrement parfumé. Sa pâte est souple et fondante.
• *Le laguiole AOC Grand Aubrac*, fabriqué exclusivement de mai à octobre, sélection de la meilleure période d'herbage, est affiné entre 7 et 18 mois. Son goût puissant et plus complexe exprime le parfum des pâturages : cistre {ou fenouil des Alpes}, réglisse, saxifrage…
• *Le vieux laguiole* est le plus fort en goût, avec un minimum d'affinage de 12 mois pouvant aller jusqu'à 24 mois.

Le laguiole, fromage et couteau

C'est en 1829 que l'apprenti coutelier Pierre-Jean Calmels, du haut de ses 16 ans, aurait inventé un couteau fermant à cran forcé : le laguiole était né… Mais la marque n'a jamais été déposée, gare aux contrefaçons ! Pour assembler un authentique laguiole, six années de formation sont nécessaires pour devenir « maître coutelier ». En visitant les ateliers du village, vous pourrez juger de la dextérité des artisans, corne blonde toujours, mais aussi bois de cerf, buis, cade, inox pour des manches au design classique ou très contemporain : créations de Philippe Starck, Jean-Michel Wilmotte et bien d'autres designers mondialement connus.

LAGUIOLE
LAIT CRU
LAGUIOLE
LAIT CRU
LAGUIOLE
LAIT CRU
LAGUIOLE

La **truffade** est une recette à base de pommes de terre cuites, coupées en lamelles, dorées au saindoux dans une poêle avec un peu d'ail ; au moment de servir, couper en morceaux de la tomme fraîche de Laguiole afin que le fromage fonde doucement sur le tout. Pour cuisiner le rétortillat, remplacer l'ail par des oignons.

Les autres fromages de l'Aubrac

Toujours avec du lait de vache, en 1987, un agriculteur de Currières se lança dans la fabrication d'un fromage qui jusqu'alors n'était que familial. Il s'appellera l'écir en Aubrac {*éciro* en occitan} qui signifie vent de la tourmente, le vent glacial qui provoque des congères pouvant atteindre plusieurs mètres. Ce petit fromage, blanc comme neige, est à pâte molle et à croûte fleurie, très agréable en bouche. Le lait provient de vaches de race montbéliarde, bien adaptées à la montagne aubracoise.

À l'ouest de l'Aubrac, dans le Carladez {ou Carladès} situé aux confins du Cantal, à la pointe nord du département, on produit un fameux cantal AOC {Appellation d'Origine Contrôlée}. C'est un fromage fermier de vache au lait cru, fabriqué depuis 1948 par la Coopérative laitière de Thérondels.

Tout en vous promenant dans les chemins le long des pâturages bordés de frênes, entaillés par la vallée de la Truyère et ses gorges, magnifique séparation naturelle entre les deux cantons, vous arriverez en Viadène ; avec un bon morceau de pain, on goûtera, vers Graissac, une délicieuse tomme de Brenac à la belle croûte fleurie ainsi qu'une autre tomme de Laguiole « fermier » AOC.

La viande

Le cheptel aubrac n'est plus seulement réputé pour son lait. De nombreux éleveurs ont su valoriser la viande en se spécialisant dans le « bœuf fermier d'Aubrac » Label rouge depuis 1999. Protégé par une IGP {Indication Géographique Protégée}, le cahier des charges et la traçabilité de la filière sont rigoureux. Le mode d'élevage authentique à caractère extensif de cette race rustique donne une viande persillée, riche des saveurs de ses immenses pâturages préservés. La côte de bœuf est un véritable délice. Dans votre assiette, vous goûterez aussi la chair fine et dense de la viande Fleur d'Aubrac. Cette autre filière s'est mise en place autour d'animaux issus d'un croisement charolais-aubrac : dans les prairies, vous verrez des bêtes à la robe plus claire et au développement musculaire plus important, héritage du mâle.

Les charcuteries

Pour s'initier à la gastronomie du nord de l'Aveyron, la saucisse sèche et le pain sont indispensables. Fidèle à sa tradition rouergate, ici on sait travailler le cochon. Les charcuteries regorgent de jambons, saucissons, boudins, et autres spécialités appétissantes. Les incontournables de la charcuterie aveyronnaise : la saucisse fraîche que l'on vous servira bien dorée avec l'aligot, et un choix de saucisses sèches nature, noix ou roquefort.

La coppa aveyronnaise : c'est une échine de porc salée, poivrée et fumée.

La rosette : saucisson fabriqué exclusivement à la « Lune vieille » comme le veut la tradition, embossé dans un boyau plus épais, qui oblige un séchage plus long lui donnant un goût plus fin.

Le pastre {berger en occitan} ou sac d'os : fabriqué avec quelques morceaux de travers de porc, de l'ail, sel et poivre. À déguster dans une potée.

Autres produits du terroir, les pétites de Laguiole sont de fameux tripous cousus main. Depuis 1864, cette recette est préparée à partir de pansette d'agneau et de panse de veau, qui enrobent jambon, carottes, épices, le tout cuit au vin blanc. Le goût est assez relevé mais délicat. Les pétites se dégustent accompagnées de pommes de terre vapeur.

Ci-dessus : tomme de Brenac. / Ci-contre, en bas : pastre, saucisse sèche. En haut : ancien buron.

Les endives

C'est dans un village proche de Laguiole que, dans les années 1950, une famille d'agriculteurs a décidé, en complément de son exploitation, de cultiver l'endive, inconnue à l'époque en Aveyron. Père et fils sont allés plusieurs fois dans le Nord de la France, pour adapter la culture sur le plateau d'Aubrac… et ça marche ! L'endive de Laguiole a des qualités gustatives remarquables, peu d'amertume, peu de trognon ; crue ou cuite, on s'en régalera tout l'hiver.

Farsous Typiquement aveyronnais les farsous sont des petites galettes de verdure hachée : la feuille de blette toujours, pissenlits, persil, épinards, chou… selon les saisons. Le tout mélangé à une préparation à base de pain rassis ou de farine, lait, œufs, oignons selon les goûts. Les petites galettes sont dorées à la poêle. Pour des farsous gras, on ajoutera un peu de jambon, du lard cuit ou quelques restes de viande et parfois des pruneaux. Vous pouvez les goûter aussi sur certains étals de marchés {voir la recette de Nicole page 92}.

Ci-contre : saucissons cendrés.

Les patisseries

La fouace

Dès le Moyen Âge, on trouve des manuscrits citant des fouaces ou fougasses à l'eau de rose servies au cours de repas. Le nom de ce succulent gâteau provient du latin *panis focacius*, c'est-à-dire pain du foyer, autrefois galette de froment cuite sous la cendre. On la nommait aussi *còca* en occitan qui signifie gâteau ou brioche.

Cette fouace n'est pourtant pas tout à fait une brioche, la pâte est plus dense selon les recettes et toujours parfumée à l'eau de fleur d'oranger avec parfois quelques fruits confits.

À Espalion, une appétissante fouace pur beurre saupoudrée de sucre, garde la forme d'un pain allongé ; actuellement, la plupart se présentent sous forme de couronne. Elle a longtemps été le gâteau familial aveyronnais traditionnellement cuit dans le four à pain et dégusté lors des fêtes ; on en trouve maintenant dans toutes les boulangeries, et beaucoup de familles s'en régalent quotidiennement au petit déjeuner et au goûter.

D'ailleurs plutôt que de fouace, il serait plus juste de parler des fouaces, car chaque pays d'Aveyron et chaque ménagère a sa recette pieusement transmise ! Depuis 1858, celle de Laguiole est jalousement gardée ! Sans additif, pur beurre, avec de subtiles senteurs d'eau de fleur d'oranger, on aura grand peine à résister à cette pâtisserie arrondie si joliment décorée.

La tarte à l'encalat

À partir de tant de bon lait, une douceur s'impose. Depuis des siècles, le dessert familial du nord de la région est la tarte à l'encalat {*encalat* : fromage frais en occitan} : sur un fond de pâte brisée, une garniture à base de caillé de vache, d'œufs, de sucre, le tout parfumé à l'eau de fleur d'oranger. À Mur-de-Barrez qui en a fait une spécialité, cette tarte bien dorée se déguste chaude ou froide.

En Aubrac, des champs de fleurs

Quittons Laguiole et ses tables réputées, au nombre desquelles, dominant la gastronomie française depuis le Puech du Suquet, le restaurant 3 étoiles au guide rouge de Michel et Sébastien Bras, qui surplombe le plateau de l'Aubrac. Grâce à l'attachement viscéral de Michel Bras à son terroir et à son génie créatif, l'Aubrac et l'Aveyron sont connus dans le monde entier ! Et les gourmets de tous les pays viennent un jour déguster son célèbre « gargouillou » de légumes, qui est « l'expression pure de l'Aubrac ».

Autour du village d'Aubrac, au printemps, les prairies, incroyablement riches en fleurs, sont dignes des plus beaux tableaux de Georges Seurat ou de Paul Signac, grâce entre autre aux narcisses enivrants, qui seront cueillis pour les parfumeurs du Midi. Regardez de près {mais surtout sans les cueillir !} les petites tulipes sauvages, jonquilles ou fritillaires... Vous aurez la possibilité d'admirer des dizaines d'espèces de fleurs au mètre carré ! Une merveille unique en France. On peut estimer à 1 000 les espèces florales en Aubrac, il en a été répertorié 2 100 sur tout le territoire français.

Parmi ces fleurs, en été, domine une haute plante jaune, la grande gentiane {*Gentiana lutea*}. Elle peut atteindre plus d'un mètre et met dix ans avant de fleurir d'un jaune éclatant. Elle peut vivre plus de 50 ans et aime les sols frais l'hiver et les hauts plateaux ensoleillés l'été. Tout est fait pour elle, sur ce plateau oxygénant qu'est l'Aubrac. Elle ne se plaira qu'entre 800 et 1 400 m d'altitude. On dit que sa fameuse racine ou rhizome peut mesurer jusqu'à un mètre de long et peser jusqu'à 6 kg ! Dans les immenses pâturages, ce sont les *gentianaïres* expérimentés qui arracheront tous les vingt ans ces impressionnants rhizomes avec leur fourche. D'après les spécialistes, la gentiane du Massif central et de l'Aubrac est réputée pour être la meilleure du monde ! Connue depuis l'Antiquité pour faire tomber la fièvre et pour ses vertus digestives et hépatiques, la gentiane favoriserait aussi la relaxation et le sommeil. C'est après séchage et macération des racines dans l'alcool que l'on obtiendra un apéritif à la douce amertume. En Aveyron, la Gentiane d'Aubrac a ses lettres de noblesse depuis 1992. Cette boisson apéritive est inscrite à l'inventaire du Patrimoine Culinaire de

Ci-contre, en haut : gentianaïre. En bas, à gauche : racine de gentiane.

la France pour la région Midi-Pyrénées. Elle se déguste fraîche, nature ou avec une pointe de cassis ou de citron… et avec modération. Pour ceux qui aiment l'amer, on goûtera les petits pots de gelée de gentiane, d'une belle couleur miel, à déguster en apéritif avec du pain, du bon beurre, une pointe de fleur de sel, du thym, un régal. Pour Nicole Fagegaltier, la gentiane est une source d'inspiration pour de fameux desserts comme sa mousse glacée {voir recette page 55}.
Un peu plus tard dans la saison, campanules, pensées, hélianthèmes, brunelles bleues, cistres seront de retour et d'autres arômes parfumeront le lait des vaches aubrac.
En juillet et août, dans les bois et sous-bois de l'Aubrac volcanique, la calament à grandes fleurs rose ou calament sauvage {*Satureja grandiflora*} fait son apparition. Séchée au grand air, elle devient thé d'Aubrac, célèbre pour ses infusions très agréables au subtil parfum mentholé. Aujourd'hui, elle sert aussi de base à un apéritif au goût agréablement épicé, à boire très frais. Tout vous rappellera l'altitude, le grand air et la pureté de la nature des monts d'Aubrac. Il existe également un sirop au *thé d'Aubrac*, sans alcool pour petits et grands.
Une autre boisson vous rappellera le Midi : un pastis de fleurs des monts d'Aubrac avec une pointe d'arôme des Causses, genièvre et serpolet. À consommer avec modération bien frais, allongé d'eau…

Une curiosité : *la bière d'Aubrac*

Depuis 1998, dans la vallée du Lot, on brasse trois variétés de bières {blonde, blanche et ambrée} de mi-septembre à fin avril. L'eau pure, essentielle à leur fabrication, provient des monts d'Aubrac et descend par les *boraldes* {beaux torrents limpides} et les sources jusqu'à Saint-Geniez-d'Olt. Cette bière vivante, non filtrée et non pasteurisée, fait partie des bières « spéciales » de dégustation. On peut visiter la brasserie.

Ci-contre : thé d'Aubrac.

Pomme de terre à l'anchoïade verte et aux asperges, fondue d'oseille et caillé de vache

POUR 4 PERSONNES • PRÉPARATION : 1 HEURE

4 pommes de terre {charlotte} de 120 g chacune ❧ **POUR LA FONDUE D'OSEILLE** 200 g d'oseille / 30 g de beurre / 1 cuillerée à soupe de crème fraîche / 16 asperges vertes / sel et poivre ❧ **POUR L'ANCHOÏADE** 10 g de cerfeuil / 10 g de roquette / 10 g de cresson / 1 filet d'anchois / 1 filet de citron / 25 g d'huile d'olive / 10 g de poudre de noisette / sel et poivre ❧ **POUR LE CAILLÉ DE VACHE** fines herbes : persil, ciboulette, cerfeuil {selon votre goût} / 80 g de caillé de vache {ou de fromage blanc]

Laver les pommes de terre, les envelopper dans du papier d'aluminium et les cuire au four à 180 °C {th. 6} pendant 30 minutes environ, les éplucher. Parer les deux côtés de la pomme de terre dans le sens de la largeur de manière à obtenir une assise et un dessus plat. Maintenir au chaud.

❧ *La fondue d'oseille*

Trier et nettoyer l'oseille, la faire fondre dans le beurre, assaisonner, laisser cuire quelques instants à feu doux. Ajouter la crème et chauffer doucement la préparation. Garder au chaud.

Éplucher les asperges et les cuire à grande eau bouillante salée quelques minutes, contrôler la cuisson avec la pointe d'un couteau, rafraîchir à l'eau froide. Les tailler toutes à 12 cm environ et les couper de nouveau en deux {6 cm pour les queues, 6 cm pour les têtes environ}.

❧ *L'anchoïade*

Hacher les herbes à l'aide d'un robot, et ajouter les autres ingrédients.

❧ *La caillé de vache*

Mélanger le caillé de vache et l'ensemble des herbes ciselées, assaisonner.

❧ *Pour servir*

Répartir la fondue d'oseille dans les assiettes, poser dessus quatre queues d'asperges, déposer la pomme de terre tartinée d'anchoïade, puis les têtes d'asperges, terminer par une quenelle de caillé de vache. Décorer avec quelques feuilles de salade.

CONSEIL ❧ *Pour garder les asperges bien vertes, saler fortement l'eau de cuisson et mettre des glaçons dans l'eau de rafraîchissement.*

Dans un bouillon aux oignons caramélisés,
une galette de pain au fromage, chou vert et cèpes

POUR 4 PERSONNES • PRÉPARATION : 1 HEURE • MATÉRIEL : 4 CERCLES {DE 7 CM DE DIAMÈTRE, SI POSSIBLE}

200 g de cèpes {ou autre champignon, girolles par exemple} / 4 feuilles de chou **POUR LA GALETTE** 40 g de beurre / 75 g de tomme fraîche / 75 g de laguiole / 150 g de pain rassis / 60 g de chou vert frisé émincé / 1 pincée de sel / poivre **POUR LE BOUILLON** 2 oignons / 2 cuillerées à soupe de graisse de canard ou d'huile / 1 bouquet garni / sel et poivre 200 g de cèpes {ou autre champignon, girolles par exemple}

Nettoyer les cèpes {ou les girolles}, les émincer.

La galette
Dans une casserole, faire bouillir 25 cl d'eau, ajouter le sel, le poivre, le beurre et les fromages coupés en petits morceaux, puis laisser fondre le tout à feu doux. Incorporer ensuite le pain coupé en morceaux, bien mélanger et mettre le chou vert cru et émincé. Mélanger le tout qui doit former une pâte compacte, dessécher si nécessaire. Répartir cette pâte dans 4 cercles huilés, tasser, lisser bien. Laisser refroidir le tout.

Le bouillon
Émincer les oignons. Verser la graisse ou l'huile dans une casserole, ajouter les oignons, à feu vif, les amener jusqu'à une jolie coloration brune, ajouter 1 litre d'eau, sel, poivre et le bouquet garni. Laisser cuire doucement pendant 30 minutes. Garder au chaud.

Les feuilles de chou vert
Enlever la côte des feuilles de chou. Les plonger quelques instants dans de l'eau bouillante salée puis les rafraîchir.

Au dernier moment
Filtrer le bouillon, le faire réduire si besoin est. Dans une poêle antiadhésive, faire dorer les galettes et dans une autre poêle huilée, mettre à sauter les cèpes, saler, poivrer.

Pour servir
Versez dans des assiettes creuses très chaudes le bouillon, puis déposer la galette, les cèpes dessus et placer à côté une feuille de chou vert chauffée avec un peu d'eau et de beurre.

CONSEIL *Il est important de bien faire colorer les oignons, de manière uniforme, c'est ce qui permettra d'avoir un bon bouillon. Il peut être préparé à l'avance.*

À base de **produits simples** : oignons, chou, pain, fromage, c'est une recette qui représente bien ma cuisine. L'idée est puisée dans deux soupes traditionnelles ; cela prouve que l'on peut faire très bon avec des produits « pauvres ».

Terrine de poireaux
au Laguiole et au jambon de pays

POUR 4 PERSONNES • PRÉPARATION : 1 H 15 + 12 HEURES DE REPOS POUR LA TERRINE • MATÉRIEL : 1 TERRINE RECTANGULAIRE {DE 12 CM, SI POSSIBLE}

Salade à votre convenance : pissenlits, mâche, roquette... / 200 g de pommes de terre / 2 poireaux / 200 g de tomme fraîche de Laguiole / 4 grandes tranches de jambon cru de pays / 100 g de crème fleurette / 1 jaune d'œuf / noix de muscade râpée / sel et poivre

Cuire les pommes de terre avec la peau dans de l'eau salée. La cuisson dépend de la grosseur des pommes de terre et donc se contrôlera avec la pointe d'un couteau. Au terme de la cuisson, les laisser refroidir. Les éplucher et les découper en tranches un peu épaisses.
Nettoyer les poireaux, les laver et les cuire dans une grande quantité d'eau bouillante salée 5 à 10 minutes, contrôler également avec la pointe d'un couteau, au terme de la cuisson les rafraîchir à l'eau froide. Les égoutter et les détailler en tronçons de 12 cm, c'est-à-dire de la longueur de la terrine.
Hacher la tomme grossièrement. Tapisser les parois de la terrine avec les tranches de jambon en les faisant remonter sur le côté. Ranger au fond des tranches de pommes de terre, par-dessus des poireaux l'un à côté de l'autre, puis la moitié de la tomme. Recommencer l'opération : d'abord les pommes de terre restantes ensuite les poireaux et la tomme. Replier les tranches de jambon. Enfourner à 100 °C {th. 3} pendant 30 minutes. À la sortie du four, poser une planche et un poids sur la terrine. Laisser refroidir au moins 12 heures au frais.

Mélanger au fouet la crème, la pincée de noix de muscade et le jaune d'œuf, assaisonner. Réserver la sauce au frais.

Pour servir
Démouler la terrine, découper quatre tranches épaisses, les passer quelques secondes au four pour les tiédir légèrement, déposer ces tranches sur les assiettes et servir avec la sauce accompagnée de salade.

CONSEIL *Réaliser cette terrine la veille.*

Tomates crues farcies de lentilles à la tomme fraîche et au basilic

POUR 4 PERSONNES • PRÉPARATION : 45 MINUTES + LE TEMPS DE CUISSON DES LENTILLES : 25 MINUTES

4 tomates de 150 g environ chacune / 150 g de lentilles vertes / 150 g de tomme fraîche de Laguiole / quelques feuilles de salade / 3 feuilles de basilic / 4 cuillerées à soupe d'huile d'olive / 1 cuillerée à soupe de vinaigre de vin / sel et poivre **POUR LE COULIS DE BASILIC** 1 petit bouquet de basilic {30 g de feuilles} / 10 g d'épinards / 2 cuillerées à soupe d'huile d'olive / sel et poivre

Les lentilles

Cuire les lentilles dans de l'eau salée à petite ébullition pendant 25 minutes {elles doivent être un peu croquantes}, les égoutter.

Les tomates

Porter de l'eau à ébullition dans une casserole. Faire une incision sur les tomates, les tremper 5 secondes dans l'eau bouillante, puis dans de l'eau fraîche. Enlever la peau. Trancher aux trois quarts de manière à faire un chapeau et les évider. Garder le chapeau.

La garniture des tomates

Découper la tomme en petits dés, la mettre dans les lentilles froides, assaisonner avec l'huile d'olive, le vinaigre, le sel et le poivre et ajouter le basilic ciselé. Garnir les tomates avec la salade de lentilles. Recouvrir les tomates avec leur couvercle. Réserver au frais.

Le coulis de basilic

Équeuter le basilic et les épinards. Blanchir le basilic et les épinards, rafraîchir, égoutter. Réunir dans un mixeur le basilic, les épinards, l'huile et 5 cl d'eau, assaisonner, mixer, filtrer.

Pour servir

Sur 4 assiettes plates et rondes, verser une bonne cuillerée à soupe de coulis de basilic, déposer dessus les tomates garnies agrémentées d'un bouquet de salade assaisonné.

CONSEIL *Choisir des tomates à chair ferme, elles seront plus faciles à évider.*

Filet de bœuf fleur d'Aubrac *rôti,* échalotes confites au ratafia de vin de Marcillac, pommes de terre à la tomme et au lard

POUR 4 PERSONNES • PRÉPARATION : 1 HEURE + TEMPS DE CUISSON DES ÉCHALOTES CONFITES : 2 HEURES

❧ **POUR LE FILET DE BŒUF** 1 filet de bœuf de 800 g bardé et ficelé par votre boucher / huile ❧ **POUR LES ÉCHALOTES CONFITES** 400 g d'échalotes / 40 g de beurre / 15 cl de vin de Marcillac rouge / 15 cl de ratafia de Marcillac / sel et poivre ❧ **POUR LES POMMES DE TERRE** 800 g de pommes de terre / 100 g de poitrine de porc salée / 1 oignon / 250 g de tomme fraîche de Laguiole

❧ *Les échalotes confites*

Éplucher et émincer très finement les échalotes. Dans une sauteuse à feu doux, faire chauffer le beurre, ajouter les échalotes, remuer, laisser suer 5 minutes, verser dessus le ratafia et le marcillac, assaisonner, porter à ébullition, couvrir et cuire très doucement durant 2 heures {ou au four à 120 °C – th. 4}. Ajouter de l'eau si l'évaporation a été trop rapide et que les échalotes ne sont pas suffisamment confites.

❧ *Les pommes de terre*

Éplucher, laver et émincer les pommes de terre. À feu doux, dans une poêle antiadhésive, verser 4 cuillerées à soupe d'huile, ajouter la poitrine coupée en petits dés, faire fondre doucement, retirer les lardons. Dans la poêle, toujours à feu doux, mettre l'oignon émincé, le faire colorer légèrement, le retirer, le mettre de côté avec les lardons. Verser dans la poêle les pommes de terre émincées, les assaisonner, les faire cuire sur feu vif en remuant et retournant régulièrement.

Au terme de la cuisson, ajouter les oignons et les lardons, la tomme coupée en tranches fines. Laisser ainsi ce mélange à couvert hors du feu pendant 15 minutes. Bien mélanger. Remplir 4 ramequins de cette préparation et tasser légèrement, réserver au chaud.

❧ *Le filet de bœuf*

Colorer dans une sauteuse huilée sur feu vif, le filet de bœuf sur toutes ses faces, assaisonner, puis enfourner 15 à 20 minutes à 120 °C {th. 4} pour une cuisson saignante. Retirer du four et laisser reposer 20 à 30 minutes dans un endroit tiède {devant le four porte ouverte par exemple}.

❧ *Pour servir*

Détailler le filet de bœuf en quatre morceaux, les poser sur les assiettes chaudes, les échalotes confites et les gâteaux de pommes de terre démoulés à côté.

CONSEIL ❧ *Utiliser des pommes de terre à chair ferme {charlotte ou bintje}. La préparation des échalotes peut être réalisée la veille.*

Pavé de cerf de l'Aubrac poêlé, chou rouge à la daube effilochée, pulpe de coing à la cannelle, purée de butternut

POUR 4 PERSONNES • PRÉPARATION : 1 H 30 + LE TEMPS DE CUISSON DE LA DAUBE : 2 HEURES

4 pavés de cerf de 100 g {taillés dans le carré} / 1 chou rouge / ❧ **POUR LA PULPE DE COING** 2 coings / 30 g de beurre / 1 pincée de cannelle en poudre / sel et poivre ❧ **POUR LA DAUBE** 400 g de sauté de cerf coupé en morceaux / 1 oignon / 1 gousse d'ail / 1 carotte / 1 bouquet garni / 1 cuillerée à soupe de farine / 1 l de vin rouge corsé / ½ cuillerée à café de cacao en poudre / huile ❧ **POUR L'HUILE DE GENIÈVRE** {cette huile peut se conserver très longtemps} 10 g de grains de genièvre concassés / 10 cl d'huile de pépins de raisins ❧ **POUR LA PURÉE DE COURGE BUTTERNUT** 200 g de butternut / 30 g de beurre / 30 g de crème liquide / sel et poivre

❧ *La daube*

Faire revenir les morceaux de cerf dans une marmite à l'huile fumante à feu vif. Lorsqu'ils sont rissolés, ajouter l'oignon ciselé, l'ail, la carotte émincée et le bouquet garni. Faire rissoler de nouveau, ajouter la farine, laisser colorer puis mouiller avec le vin rouge et ½ l d'eau, porter à ébullition et laisser cuire à couvert au four à 120 °C {th. 4} 2 heures environ. Lorsque la daube est bien cuite, égoutter et effilocher les morceaux et les réserver au chaud. Filtrer la sauce, faire réduire si besoin et ajouter le cacao {ce qui rendra la sauce brillante et goûteuse}.

❧ *La pulpe de coing*

Éplucher et couper en morceaux les coings, les faire cuire à couvert avec le beurre, un peu d'eau et la cannelle 15 minutes environ. Au terme de la cuisson, l'écraser et l'assaisonner.

❧ *La purée de courge butternut*

Éplucher la courge butternut, la couper en deux, enlever les pépins, découper en petits cubes. Cuire la butternut à la vapeur 20 minutes, puis mixer avec le beurre et la crème, saler et poivrer.

Effeuiller le chou rouge, enlever la côte et le blanchir à grande eau bouillante salée. Sur chaque feuille de chou, déposer une bonne cuillerée de daube chaude effilochée et rouler celle-ci comme un gros cigare.

❧ *Au dernier moment*

Cuire les pavés de cerf dans une poêle huilée très chaude, les tenir saignants. Les garder au chaud. Colorer les cigares de daube dans une poêle huilée à feu doux.

❧ *Pour servir*

Dans les assiettes chaudes, verser une cuillerée de sauce au vin rouge. Déposer les pavés de cerf dessus. Dresser à côté une quenelle de butternut, les cigares de chou rouge, une cuillerée de compote de coing, arroser le tout d'un petit peu d'huile de genièvre, assaisonner de quelques grains de fleur de sel et de poivre concassé.

CONSEIL ❧ *La daube peut être préparée la veille, on peut adapter cette recette avec du bœuf.*

Côte de bœuf fermier Aubrac,
feuilles de baselle et crème de roquefort

POUR 4 PERSONNES • PRÉPARATION : 1 H 20

POUR LA CÔTE DE BŒUF 2 côtes de bœuf fermier Aubrac de 500 g / huile / sel et poivre **POUR LA RÉDUCTION DE PORTO** 25 cl de porto rouge / 5 cl de vinaigre de vin rouge **POUR LA CRÈME DE ROQUEFORT** 125 g de crème fleurette / 5 cl de lait / 75 g de roquefort **POUR LA BASELLE {OU ÉPINARDS}** 500 g de baselle {ou d'épinards} / 50 g de beurre

La réduction de porto
Dans une casserole, feu doux, faire réduire le porto et le vinaigre jusqu'à un état sirupeux.

La crème de roquefort
Dans une casserole sur feu doux, chauffer la crème et le lait, ajouter le roquefort émietté, réduire d'un tiers. Mixer, garder au chaud.

La côte de bœuf
Dans une sauteuse huilée, colorer vivement les côtes de bœuf sur les deux faces, finir la cuisson au four à 120 °C {th. 4} pendant 15 à 20 minutes suivant la grosseur des côtes de bœuf et la cuisson désirée. Retourner à mi-cuisson. Assaisonner. Laisser reposer dans le four porte ouverte.

La baselle
Trier et laver la baselle {ou les épinards}. Dans une sauteuse à feu doux, faire revenir au beurre les feuilles de baselle, assaisonner.

Pour servir
Sur une assiette, déposer la baselle, tracer quelques traits de réduction de porto, déposer dessus la côte de bœuf désossée divisée en deux. Servir aussitôt avec la crème à part.

CONSEIL *Vous pouvez également servir cette viande avec une salade de mâche assaisonnée à l'huile de noix qui s'harmonisera très bien avec la crème de roquefort.*

Ballottine de râble de lièvre,
sauce civet, purée de potimarron et radis noir à la crème

POUR 4 PERSONNES • PRÉPARATION : 1 H 15 + TEMPS DE CUISSON DE LA SAUCE : 1 H 30 • MATÉRIEL : 1 FRITEUSE

POUR LE RÂBLE DE LIÈVRE 80 g de foie gras de canard cru / 1 râble de lièvre / 1 crépine de porc / huile **POUR LA SAUCE CIVET** 1 oignon / 1 gousse d'ail / petite branche de thym / 1 feuille de laurier / 1 cuillerée à café de farine / 1 bouteille de vin rouge corsé / 10 g de chocolat amer en poudre / 50 g de sang **POUR LA PURÉE DE POTIMARRON** 250 g de potimarron / 10 cl de lait / 100 g de crème fleurette / sel et poivre **POUR LE RADIS À LA CRÈME** 200 g de radis noir / 50 g de crème fleurette **POUR LES CHIPS DE BUTTERNUT** 100 g de courge butternut

La sauce civet
Dans une marmite, faire revenir les os du râble concassés dans un peu d'huile, y ajouter des chutes de lièvre ou de lapin sauvage. Ajouter l'oignon, l'ail écrasé, le thym, le laurier, cuire doucement à feu doux, ajouter la farine, bien mélanger, mouiller avec le vin rouge. Laisser cuire sur feu doux 1 h 30 à couvert. Au terme de la cuisson, filtrer, incorporer le chocolat. Verser un peu de sauce sur le sang, puis remettre tout ensemble, faire chauffer dans une casserole à feu doux jusqu'à la bonne consistance {la sauce doit être nappante}, ne pas faire bouillir.

La purée de potimarron
Éplucher et découper le potimarron en cubes, le faire cuire à feu doux, à couvert 30 minutes {environ} dans le lait et la crème jusqu'à obtention d'une purée. Assaisonner.

Le radis noir
Éplucher le radis noir, le tailler en julienne. Cuire à grande eau bouillante salée, rafraîchir à l'eau et laisser égoutter. Réchauffer à feu doux dans une petite casserole avec la crème au dernier moment.

Les chips de butternut
Éplucher la courge, la couper en lamelles et les faire frire dans un bain d'huile à 180°C {th. 6-7}.

Le râble de lièvre
Faire un rouleau de foie gras avec la paume de la main, le déposer sur le râble, saler et poivrer. Rouler le râble pour obtenir une ballottine, l'envelopper dans la crépine de porc et ficeler. Assaisonner la ballottine et la rissoler sur toutes les faces dans une sauteuse avec un peu d'huile, poursuivre la cuisson au four à 120 °C {th. 4} pendant 30 minutes environ, laisser reposer avant de déficeler.

Pour servir
Couper les extrémités et trancher le râble en quatre. Dans les assiettes chaudes, verser un peu de sauce civet, déposer dessus les râbles, répartir les radis noirs et réaliser une quenelle de purée surmontée de chips de butternut.

CONSEIL *Demander à votre boucher de désosser le râble de manière à obtenir un morceau comme un portefeuille ouvert et garder les os. Les autres morceaux peuvent être cuisinés en civet. Réaliser la sauce la veille et la lier au sang {si possible} au dernier moment.*

Mousse glacée à la liqueur de gentiane

POUR 4 PERSONNES • PRÉPARATION : 30 MINUTES + 2 HEURES POUR LES VERRES • MATÉRIEL : 1 TAMIS

POUR LA MOUSSE GLACÉE 6 jaunes d'œufs / 50 g de sucre + 50 g de sucre / 3 blancs d'œufs / 250 g de crème fleurette / 60 g de liqueur de gentiane **POUR LE COULIS DE CASSIS** 250 g de cassis / 50 g de sucre

Le coulis de cassis

Laver les cassis, les faire éclater à feu doux avec 5 cl d'eau à couvert, passer au tamis, ajouter le sucre. Laisser refroidir.

La mousse glacée

Fouetter les jaunes et 50 g sucre jusqu'à ce que le mélange blanchisse, ajouter la liqueur de gentiane. Réserver.
Monter les blancs d'œufs en neige, ajouter le sucre restant {lorsqu'ils sont bien fermes}. Fouetter la crème façon Chantilly. Incorporer cette crème dans le mélange jaune, sucre, liqueur, puis incorporer délicatement les blancs d'œufs.
Verser cette préparation dans de jolis verres et uniformiser la surface. Mettre au congélateur rapidement pendant 2 heures.

Pour servir

Sortir les verres du congélateur et répartir le coulis de cassis dessus. Servir aussitôt, bien froid.

CONSEIL *La mousse glacée peut être congelée dans une terrine puis démoulée et découpée en tranches.*

Crème brûlée au citron et aux myrtilles,
crème glacée à la liqueur de gentiane

POUR 4 PERSONNES • PRÉPARATION : 30 MINUTES + TEMPS DE CUISSON : 3 HEURES • MATÉRIEL : 1 SORBETIÈRE

POUR LA CRÈME BRÛLÉE 1 citron non traité / 25 cl de lait / 250 g de crème fraîche liquide / 5 jaunes d'œufs / 60 g de sucre / 200 g de myrtilles, lavées et égouttées / 100 g de sucre roux en poudre pour caraméliser les crèmes brûlées **POUR LA CRÈME GLACÉE À LA GENTIANE** 50 cl de lait / 4 à 5 cl de liqueur de gentiane {suivant votre goût} / 5 jaunes d'œufs / 100 g de sucre / 125 g de crème fraîche liquide

La crème brûlée

Râper le zeste d'un demi-citron à l'aide d'une râpe. Presser le jus de ce demi-citron.

Faire bouillir le lait et la crème ensemble dans une casserole.

Dans un récipient, fouetter les jaunes d'œufs et le sucre énergiquement jusqu'à ce que le mélange blanchisse. Ajouter les zestes et le jus de citron, verser dessus le lait et la crème, mélanger le tout.

Dans quatre coupelles, déposer 40 g de myrtilles par personne, répartir dessus l'appareil à crème brûlée. Cuire à four doux {82 °C ou th. 2-3} pendant 3 heures environ {jusqu'à ce que les jaunes d'œufs aient coagulé}. Laisser refroidir à température ambiante avant de mettre au frais.

La crème glacée à la gentiane

Porter le lait à ébullition. Dans un récipient, fouetter énergiquement les jaunes d'œufs et le sucre, jusqu'à ce que le mélange blanchisse. Verser dessus le lait bouillant, cuire dans une casserole sur feu doux, en remuant avec cuillère en bois comme pour une crème anglaise ; ajouter la crème fraîche et à froid la liqueur. Turbiner dans votre sorbetière {suivre les indications de votre appareil}.

Pour servir

Saupoudrer les crèmes brûlées de sucre roux, caraméliser les crèmes brûlées en les plaçant sous un gril très chaud ou à l'aide de la flamme d'un chalumeau.

Servir dans un verre à part la crème glacée à la gentiane avec quelques myrtilles dessus.

CONSEIL *Les crèmes brûlées peuvent être préparées la veille. La cuisson dans un four à chaleur tournante donne un bon résultat.*

Les infusions glacées :
orange coriandre, thé à la menthe, verveine

POUR 4 PERSONNES
PRÉPARATION : 30 MINUTES
MATÉRIEL : 1 TURBINE À GLACE (OU 1 SORBETIÈRE)

POUR LES INFUSIONS À L'ORANGE ET À LA CORIANDRE
16 cl de jus d'orange
25 cl d'eau
160 g de sucre
2 g de pluches de coriandre
quelques zestes d'orange pour le décor

POUR LES INFUSION AU THÉ À LA MENTHE
40 cl d'eau
160 g de sucre
12 g de thé
1 petit bouquet de menthe fraîche
quelques feuilles de menthe pour le décor

POUR LES INFUSION À LA VERVEINE
40 cl d'eau
120 g de sucre
16 g de feuilles de verveine fraîche
2 cuillerées à soupe de jus de citron
quelques feuilles de verveine pour le décor

❧ ***L'infusion glacée à l'orange et à la coriandre***
Dans une casserole, faire bouillir l'eau et le sucre. Hors du feu, ajouter la coriandre et le jus. Couvrir, laisser infuser jusqu'à complet refroidissement, filtrer. Turbiner dans votre sorbetière (suivre les indications de votre appareil).

❧ ***L'infusion glacée au thé à la menthe***
Dans une casserole, faire bouillir l'eau et le sucre. Hors du feu, ajouter le thé et le bouquet, couvrir, laisser infuser jusqu'à complet refroidissement, filtrer. Turbiner dans votre sorbetière (suivre les indications de votre appareil).

❧ ***L'infusion glacée à la verveine***
Dans une casserole, faire bouillir l'eau et le sucre. Hors du feu, ajouter le jus de citron et les feuilles de verveine, couvrir, laisser infuser jusqu'à complet refroidissement, filtrer. Turbiner dans votre sorbetière (suivre les indications de votre appareil).

❧ ***Pour servir***
Présenter dans des verres ou des verrines différents afin que les parfums ne se mélangent pas.

CONSEIL ❧ *Laissez infuser à couvert en filmant avec un film alimentaire jusqu'à complet refroidissement.*

Coupe de fraises et de framboises,
rafraîchies au thé d'Aubrac, sablés au citron

POUR 4 PERSONNES • PRÉPARATION : 45 MINUTES + TEMPS DE CONGÉLATION DU THÉ : 12 HEURES
MATÉRIEL : 1 EMPORTE-PIÈCE {DE 5 CM DE DIAMÈTRE, SI POSSIBLE}

250 g de fraises / 250 g de framboises ❧ **POUR LE GRANITÉ AU THÉ D'AUBRAC** 50 cl d'eau / 100 g de sucre / ½ jus de citron / 50 g de thé d'Aubrac ❧ **POUR LES SABLÉS AU CITRON** 200 g de farine / 120 g de beurre / 90 g de sucre glace / 50 g de poudre d'amandes / 2 g de levure chimique / le zeste de ½ citron / 1 jaune d'œuf + 1 jaune d'œuf pour la dorure ❧ **POUR LE JUS DE FRAISES ET DE FRAMBOISES** 80 g de fraises / 80 de framboises / 6 cl d'eau / 10 g de sucre

❧ *Le granité au thé d'Aubrac*

Faire bouillir l'eau, le sucre et le jus de citron. À ébullition, ajouter le thé. Laisser infuser à couvert jusqu'à complet refroidissement. Filtrer. Verser dans un récipient, congeler en remuant de temps en temps avec une fourchette pour créer des paillettes.

❧ *Les sablés au citron*

Amalgamer tous les ingrédients dans un robot, mettre l'œuf en dernier, envelopper la pâte de film alimentaire et la mettre au réfrigérateur pendant 1 heure. Étaler la pâte {sur 4 à 5 mm d'épaisseur}, détailler à l'aide d'un emporte-pièce des ronds de 5 cm de diamètre.

Dans un four à 180 °C {th. 6}, déposer les sablés sur une plaque recouverte d'un papier sulfurisé, avec un pinceau badigeonner de jaune d'œuf et enfourner 15 minutes.

❧ *Le jus de fraises et de framboises*

Laver et trier les fraises et les framboises, faire bouillir l'eau et le sucre, ajouter les fruits, cuire quelques minutes à feu doux, égoutter sans presser pour obtenir un jus clair. Laisser refroidir.

Trier et laver les fraises et les framboises.

❧ *Pour servir*

Dans un verre ou une coupe, répartir les fruits, verser le jus, surmonter le tout du granité au thé d'Aubrac. Servir les sablés au citron à part sur une assiette.

CONSEIL ❧ *Recette facile et digeste.*
Préparez le granité avec du thé d'Aubrac frais, le résultat n'en sera que meilleur.

prairies & campagnes

Le Ségala et le Lévézou offrent tous deux des paysages contrastés. Le Ségala, marqué par des plateaux d'altitude modeste, est aussi parcouru par des vallées où l'eau file, généreuse. Le Lévézou, froid et rude sur ses hautes terres, devient plus doux à l'approche de la vallée du Tarn. Parcourues par l'Aveyron et le Viaur, ces régions forment à elles deux le cœur de l'Aveyron

Au cœur de l'Aveyron voisinent deux régions prospères et verdoyantes toutes deux terres de culture et d'élevage : le Ségala et le Lévézou.
Le Ségala inclut en grande partie le centre-ouest du département en dehors du causse de Villeneuve. Depuis Villefranche-de-Rouergue jusqu'à Rodez, on découvre plusieurs ségalas {entre 200 et 800 m d'altitude}, mais le cœur de cette région est le « Pays des cent vallées » où coulent l'Aveyron et le Viaur.
À l'est, dans le prolongement du Ségala, le Lévézou est le pays des hautes terres {1 155 m au Puech del Pal} et des lacs : Pont-de-Salars, Pareloup et Villefranche-de-Panat. Le Lévézou trouve ses limites au sud-est avec les avant-causses et la vallée de la Muse.

Pays de bastides et de châteaux fortifiés, le Ségala a longtemps été considéré comme une région pauvre. On appelait parfois ses habitants les « ventres noirs », car leur nourriture principale était le pain de seigle, seule céréale cultivée sur ces terres acides, qui a donné son nom au Ségala. Les Ségalis étaient souvent opposés aux Caussenards considérés comme riches depuis le Moyen Âge avec leurs terres à blé, les *fromentals*. À partir du XIIe siècle, dans les gorges du Viaur, les moines de l'abbaye cistercienne de Bonnecombe contrôlent de nombreux domaines agricoles et défrichent d'abord quelques plateaux. Dans les vallées, les terres acides étaient naturellement propices aux châtaigneraies qui furent entretenues avec soin durant des siècles. Elles offraient

Ci-contre : Philippe Mouly, éleveur de veaux de l'Aveyron et du Ségala à Rignac.

9936

une nourriture précieuse pour les populations, surtout en cas de disette, et servaient également à l'engraissement des porcs pour la fabrication des jambons fort réputés dans cette région : Rabelais n'écrivait-il pas déjà dans *Gargantua* : « Il n'est de jambon que de Najac ».
Au XIXe siècle, le Ségala bénéficie de la construction de nouvelles routes et du transport ferroviaire développé pour les mines de Carmaux et Decazeville, permettant d'introduire le chaulage et autres amendements qui transformeront totalement l'agriculture de cette région et ses paysages, faisant d'elle une des contrées les plus prospères de l'Aveyron. Les terres devenues fertiles, les vastes croupes et les plateaux oscillent désormais entre cultures céréalières, riches pâturages, bocages, tandis que les pentes les plus abruptes {*traversous*} se partagent petits prés et châtaigneraies vieillissantes.

Le Lévézou, pays de hautes terres froides autrefois constituées de landes et de tourbières, offre un paysage de terres cristallines et de lacs immenses. Les éoliennes surplombent les grands domaines aux vastes prairies principalement adaptées aux vaches laitières puis sur les versants tournés vers les causses, les pâtures pour brebis. Aujourd'hui, dans ce qui est le cœur de l'Aveyron, les agriculteurs toujours en quête de production de qualité ont développé une polyculture performante. Grâce au dynamisme des exploitations laitières {vaches et brebis}, à la vitalité des élevages de veaux, porcs ou volailles et au modernisme de nombreux ateliers de transformations, ces deux régions rassemblent une grande partie des spécialités gastronomiques de l'Aveyron.

Le veau

Il existe une longue tradition d'élevage du veau sous la mère dans le Ségala, et l'expression « faire téter le veau » est toujours d'actualité. Dans le département, 300 éleveurs pratiquent l'élevage de qualité « veau de l'Aveyron et du Ségala », Label rouge depuis 1994 et IGP {Indication Géographique Protégée} depuis 1996.
Les veaux issus de vaches de races dites à viande, limousine et blonde d'Aquitaine, sont élevés de façon traditionnelle en Aveyron. Ils sont dits *lourds*, car on les « fait téter » jusqu'à l'âge de six mois minimum.

Après la tétée du matin, seules les mères vont au pré, elles rejoindront en fin de journée leurs veaux pour la tétée du soir. Dans la journée, le veau en liberté dans des étables spacieuses s'habitue progressivement à une nourriture constituée exclusivement de foin et de céréales.
Cette viande est de ce fait particulièrement rosée et goûteuse. Les Italiens et les Catalans en raffolent, et le marché à l'exportation se porte bien. En France, on la trouve dans certaines filières alimentaires et dans de bonnes boucheries.
Une autre filière en Aveyron, le « veau des Lucs », bénéficie d'une Certification de Conformité {CCP} depuis 2004. Ce veau est exclusivement nourri au lait entier de vache pendant six mois maximum. C'est une viande à la chair claire, tendre, juteuse, au goût agréable en bouche.

Les tripous

En Aveyron, tradition oblige, on ne perdait rien dans le veau. Tête, langue, pieds, panse, ris, tripes… depuis des générations, les femmes ont su anoblir les abats avec des préparations élaborées, tels les tripous. Ce plat typique était autrefois cuisiné dans les fermes le dimanche matin avant le départ des *pagès*, propriétaires de domaines agricoles, et de leurs domestiques sur la route parfois longue qui menait à l'église. La tradition dominicale perdure, véritable institution durant la belle saison. Lors des fêtes de village, on vous propose le matin dès 8 heures un « déjeuner tripous ou tête de veau » {pour une partie des Aveyronnais, on déjeune encore le matin, on dîne à midi et on soupe le soir}. Alors que les tripous mijotent dans des faitouts imposants, il n'est pas rare de voir jusqu'à deux cents personnes se rassembler à cette heure matinale pour un petit déjeuner… conséquent.
Au cœur du Ségala, les tripous de la région de Naucelle, plusieurs fois primés à l'Académie du tripou, ont acquis une belle renommée allant bien au-delà de nos frontières et même jusqu'à Hong-Kong ! Dans un établissement de luxe, un chef cuisinier d'origine aveyronnaise propose sur sa carte les tripous de Naucelle.
Quelques conserves de tripous chez vous régaleront toujours des amis arrivés à l'improviste…

Pour confectionner des *tripous* pour 6 à 8 personnes.

Demander à votre tripier une panse de veau et 1 kg de fraise de veau. Râper les tripes soigneusement nettoyées, découper la panse en rectangles d'environ 10 cm sur 6 cm. Découper en morceaux les gros boyaux, 150 g de ventrèche, 150 g de jambon, ajouter persil, sel et poivre. Garnir les rectangles avec cette préparation, rouler et ficeler les avec un petit boyau. Dans une cocotte, déposer quelques morceaux de couenne, ajouter 4 carottes, 2 oignons piqués chacun d'un clou de girofle, 3 gousses d'ail {facultatif}, 2 tomates, 1 branche de céleri, 1 bouquet garni, du sel et du poivre, de la muscade, 30 cl de vin blanc sec et un pied de veau préalablement blanchi. Fermer la cocotte et laisser mijoter 6 à 8 heures à four doux en surveillant la cuisson. On déguste les tripous accompagnés de pommes de terre vapeur.

La pomme de terre du Ségala

On cultivait la pomme de terre autour de Sauveterre-de-Rouergue dès 1757, elle fut d'abord réservée à la nourriture des animaux. Grâce au mémoire d'Antoine Parmentier en 1773, la culture de la pomme de terre s'impose quelques décennies plus tard sur tout le territoire, d'abord comme le pain du pauvre, pour devenir ensuite ce merveilleux tubercule savoureux qui s'adapte de mille façons.
Dans le haut Ségala, Rieupeyroux est une petite bourgade que l'on dénomma « Cité de la pomme de terre » dans les années 1960 tant sa culture était importante. Aujourd'hui, les bonnes variétés sont présentes dans les commerces et sur les marchés : charlotte, binjte, mona lisa, amandine, sirtéma, vitelotte noire… et aussi l'institut de Beauvais, pomme de terre courante en Aveyron, au goût très neutre, prisée pour la soupe et l'aligot, elle met en valeur quelque épice ou huile de noix, à tenter dans la recette de l'estofinado. Depuis seize ans, tous les étés à Rieupeyroux a lieu la « Fête gourmande du veau et de la pomme de terre », accord parfait de deux produits du Ségala.

Les cochonnailles

Durant des siècles, à l'automne, on envoyait les enfants garder les cochons dans les châtaigneraies, chacun surveillant jalousement sa parcelle : les châtaignes donnant une saveur incomparable à la chair de l'animal. Source de toutes les attentions, si bien nourri de pommes de terre, choux, courges, maïs, glands, il était même parfois appelé « Monsieur » !
Dans la cuisine, saucissons, lard fumé et la fameuse saucisse de l'Aveyron achevaient de sécher sur les perches ; dans les *toupines* en grès, quelques morceaux de viande étaient conservés dans la graisse qui supplanta longtemps l'huile…
Bien que l'élevage et l'engraissement de cochons chez le particulier soient plus rares, l'Aveyron est en bonne place pour sa production porcine de qualité, et le Ségala demeure la région d'élevage la plus importante. Les éleveurs, soucieux du confort de leurs animaux, respectueux de l'environnement, valorisent au mieux leurs élevages par une alimentation contrôlée, produite le plus souvent à la ferme.

Pour régaler vos amis, choisissez un bon rôti de porc dans le filet pour 6 personnes et une crépine de porc afin de préparer l'astet najacois. Cette délicieuse spécialité du village médiéval et très touristique de Najac se cuisine à l'avance : faire un hachis avec 5 gousses d'ail, un beau bouquet de persil, un peu d'huile et bien assaisonner le tout. Effectuer deux entailles en longueur dans le rôti sans atteindre le centre ; farcir le rôti de la persillade, enrober le tout de la crépine, ficeler le rôti assez serré, l'envelopper dans un film alimentaire et le mettre au réfrigérateur 2 jours minimum afin qu'il s'imprègne des saveurs de la farce. Faire cuire au four, arroser de temps en temps. Ce rôti bien parfumé se mange chaud et reste très bon froid le lendemain.

Deux filières pour la viande de porc, viande maigre, diététique et digeste : la filière de boucherie traditionnelle et la filière des salaisons. Les bouchers-charcutiers utilisent cette viande de qualité pour exprimer leur talent et leur réputation en « art de la transformation » du cochon dépasse largement les limites du département.
En Aveyron, le charcutier est considéré comme un véritable artisan, et le consommateur aveyronnais reste très attentif à la confection de ses cochonnailles préférées, que ce soit dans les boutiques ou sur les marchés il regardera de près la saucisse sèche, « mais pas trop sèche surtout ! ».
Chez ces artisans, on trouve aussi des petits pâtés cuits au four dans une crépine : le fricandeau, des boudins gros comme des saucissons, des jambonneaux confits à déguster froids avec une salade. Il y a aussi les fritons {ou gratons}. On distingue les *fritons gros* composés des abats : museau, cœur, langue, oreilles, rognons et quelques morceaux de travers de porc appelés alors croustillous… Cuits dans la pane de porc deux heures minimum, vendus à la pièce, ils trouvent la faveur de nombreux Aveyronnais. Et les *fritons pressés* confectionnés à partir de menus morceaux de porc assaisonnés, tête, museau, qui, après une longue cuisson dans la graisse, sont proposés en terrine. Parfait pour une petite faim.

Double page suivante, à gauche : jambon entier. À droite : saucisse à l'huile.

On remarque sur les étals des talons de jambons secs, indispensables pour donner du goût à la soupe de légumes aveyronnaise.
Dans des bocaux, les morceaux de saucisses sèches conservés dans l'huile, excellents et moelleux, sont bienvenus en cas de casse-croûte improvisé.
Baraqueville, située sur la dorsale entre le Viaur et l'Aveyron, est réputée pour ses foires très animées aux veaux et aux bovins. Au mois de juillet, sa *Foire aux cochonnades du Ségala* permet de déguster, entre autres, des rissoles grasses, délicieux petits chaussons confectionnés avec une pâte brisée farcie à la viande de porc que l'on mange bien chauds.

Les volailles

Sur les marchés, vous aurez toute l'année un large choix de poulets, canards, pigeons, pintades, lapins fermiers, et des poules bien grasses, pour réaliser la recette traditionnelle aveyronnaise de la poule farcie. Ce plat complet, cuit dans un bouillon, avec carottes, navets, céleri… est succulent. Le poulet sauté aux oignons a toujours ses fidèles, mais s'il paraît simple à cuisiner, cela demande de l'attention {voir ci-dessous}.
Les canards gras et les oies dont on fait confire les magrets {appelés parfois quartiers}, cuisses, gésiers, et fritons de canard {émiettés de petits morceaux confits et pressés}, ne manquent pas sur les étals. Une autre spécialité : le cou d'oie ou de canard farci, réalisé avec une bonne farce et du foie gras, est particulièrement apprécié dans le département.
Durant l'année, la plupart des foies gras sont mis en conserve. On trouve cependant facilement du foie gras frais à poêler en tranche.
L'hiver les foires au gras sont nombreuses, il vous sera facile de réaliser vos terrines pour les fêtes.

Le poulet sauté Avec 2 cuillerées à soupe d'huile ou de graisse de canard, bien faire dorer à feu vif un poulet détaillé en morceaux, assaisonner puis réserver. Éplucher et faire fondre à feu doux 6 oignons coupés en lamelles dans la cocotte, remettre le poulet et ajouter 1 tomate, remuer régulièrement. Cuire environ 15 à 20 minutes. Surveiller bien la cuisson des oignons qui reste délicate, surtout ne pas les brûler, votre plat en serait compromis !

Ci-contre : Jean-Claude Bricard, vendeur de volailles à Villefranche-de-Rouergue.

Choux, asperges et autres légumes

Des lignes qui précèdent, ne pensez pas que l'on ne mange que du gras en Aveyron. On apprécie autant les légumes, et la préférence est donnée à ceux cultivés dans la région, avec un choix important. Gourmands en eau, ils poussent dans des zones humides ou au bord des rivières du Tarn, de l'Aveyron et du Lot, lorsque les vallées s'élargissent. À Port-d'Agrès, une famille de maraîchers curieux et amoureux de leur métier recherche avec la complicité du cuisinier Michel Bras toutes sortes de variétés de légumes anciens et étrangers, tels les choux et moutardes chinoises qu'ils cultivent dans leurs serres et proposent sur les marchés de Rodez et Decazeville. Sur leur étal, coloré par des fleurs comestibles comme les soucis ou les tagètes au goût de pamplemousse, il y aura toujours une salade, du cresson alénois ou un légume chinois à découvrir. Nicole Fagegaltier ne manque pas de choisir tôt le matin, sur le marché de Rodez, légumes et herbes fraîchement cueillis comme la livèche, le basilic cannelle étonnamment puissant en bouche ou la baselle, variété d'épinard qui pousse bien en Aveyron.
Au printemps, le chou garde ses adeptes : parmi les nombreuses variétés, le chou de printemps légèrement pointu, au goût si délicat, le chou frisé élu à l'unanimité pour la recette fameuse du chou farci. Quel régal que ce chou farci, s'il est préparé par une cuisinière de talent… Il doit cuire tout doucement dans une cocotte en fonte et sera servi avec des carottes.

Au mois de mai, les bottes d'asperges sont abondantes sur tous les marchés.

En Aveyron, on n'aime que l'asperge verte, un point c'est tout ! L'asperge verte ne se bute pas, prend la lumière et verdit complètement. Contrairement à l'asperge blanche, elle ne s'épluche pas. Avec son goût légèrement fruité, elle développe à sa pointe une saveur sauvage et sucrée. Les habitués des marchés font un premier tour : on touche les turions, on compare la fraîcheur {très importante} et les prix ! Elles doivent être ramassées du matin, fermes mais non dures sur toute la longueur. Une fois cuites, la vinaigrette et l'œuf dur sont les deux amis de l'asperge verte.

Ci-contre : André Ginestet, maraîcher sur le marché de Rodez.

ASPERGES DE PAYS
3,50 € le Kilo

Le rodez... un fromage

Pour les chanceux qui passent par la ville de Rodez, dans le centre-ville, un fromager affineur très avisé vous fera découvrir le rodez, fromage aussi élégant que goûteux. Cette fourme de 2,5 kg au lait de vache, à la pâte dure, élégamment estampillé à son nom sur sa croûte, est fabriqué en Aveyron depuis trente-cinq ans et commercialisé principalement dans le Sud de l'Italie, dans la région des Pouilles {il se trouve maintenant dans quelques rares autres commerces en Aveyron}. Le rodez, est né d'une demande des Italiens du Sud, réputés grands amateurs et consommateurs de fromages. Utilisé râpé, il entre dans de nombreuses préparations culinaires. Il a un goût plus piquant et plus riche en bouche que les fromages à pâtes dures du Nord de l'Italie. Nicole Fagegaltier l'utilise dans de nombreuses recettes, et tout particulièrement pour ses échaudés salés {voir recettes pages 86 et 88}.

Les répounchous

Au printemps, les Aveyronnais {pas tous ! heureusement pour les amateurs} sont pris d'une certaine excitation : les répounchous sont de retour ! Le tamier en français. Cette petite liane toute frêle qui s'entortille à la moindre brindille ou grillage, dans les haies libres bien exposées, ressemble pour les novices à une mini-asperge : elle transporte de bonheur les Aveyronnais et leurs voisins du Tarn et du Lot, sa cueillette donnant lieu à une véritable effervescence. La concurrence est rude parfois ! Certains prennent des risques au bord des routes, aussi nombreux que pour la recherche des cèpes ! La saison est courte {les répounchous doivent être consommés au printemps, avant la pousse des feuilles et des baies rouges, toxiques}, et si l'on trouve des répounchous sur les marchés aveyronnais, n'espérez pas en avoir à Paris !

Ci-contre : répounchous. /Double page suivante, à gauche : tanous. À droite : répounchous, tanous.

Les tanous

Les tanous, en occitan los tanons, se trouvent dans la plupart des jardins campagnards. Ce sont les inflorescences des choux fourragers destinés aux lapins qui nous offrent une agréable entrée aux premiers jours du printemps. Cueillis juste avant leur ouverture, ils doivent être surveillés de près ! Cuits à la vapeur, ils ont un goût de chou délicat, accompagnez-les d'une bonne vinaigrette moutardée, et vous pourrez patienter jusqu'aux premières salades de printemps. À la bonne saison, on en trouve sur tous les marchés du département. Bien choisir parmi les bottes de tanous, car elles peuvent parfois avoir trop de feuilles. On trouve aussi des tanous de rave au goût plus prononcé.

Boulangerie et pâtisseries

Le pain garde une place privilégiée dans le quotidien des Aveyronnais, d'où un nombre important de boulangeries, qui soignent la panification et la cuisson, proposant un choix impressionnant de pains comme les belles tourtes, épis, couronnes ... Quant aux douceurs et desserts - apanage de l'Aveyron - appétissants et nombreux, ils sont partout à l'honneur sur les marchés et dans les boulangeries.

• *Le massepain* de la région de Montbazens et du Villefranchois est un gâteau léger, à la texture proche du gâteau de Savoie, que les enfants aiment manger le dimanche avec une salade de fruits ou une crème anglaise.

• *La crocande {ou croquande} :* proche de la fouace par sa forme en couronne, légèrement croquante, sa pâte est parfois complétée de poudre d'amande et décorée d'amandes effilées.

• *L'échaudé* {*lo chaudèl* en occitan} est à l'origine un petit biscuit sec triangulaire, dont la base est une pâte à pain parfois aromatisée à l'anis, fabriqué dans le Tarn depuis le Moyen Âge et depuis fort longtemps en Aveyron. On le trouve aussi sous le nom de *petit janot*. La particularité de l'échaudé est une double cuisson : on le trempe d'abord dans l'eau bouillante jusqu'à ce qu'il remonte à la surface d'où *l'échaudage*, ce qui facilite la digestion en faisant perdre une partie de son amidon au biscuit. On termine par une cuisson au four.

• *La rissole aux pruneaux* est une sorte de chausson réalisé avec une pâte brisée farcie de pâte de pruneaux. Chaque pâtissier lui donne un décor qui lui est propre et que les familiers savent reconnaître.

• *La pompe à l'huile* est une simple pâte à pain étalée sur une plaque sur laquelle on saupoudre du sucre, parfois des amandes, puis on verse toujours de l'huile de noix de préférence, qui est absorbée par la pâte au moment de sa cuisson au four {voir recette p. 108}.

• *Le gâteau à la broche* est assez compliqué à réaliser, il faut avant tout un feu de cheminée, un tournebroche, un moule conique spécifique, deux personnes disponibles pendant une heure minimum et de la patience pour réaliser cet étrange gâteau enroulé en couches superposées, dorées. Parfumé à la vanille, au citron ou à la fleur d'oranger, il en existe de toutes tailles, le gâteau à la broche, enveloppé dans un papier cristal est facile à offrir.

Ci-contre : gâteau à la broche.

Ci-contre : rissoles. / Ci-dessus : échaudés et gimblettes.

Échaudés au fromage rodez, crème d'artichauts

Voici une version salée des échaudés pour un apéritif, ou en entrée avec la crème d'artichauts.

POUR 4 PERSONNES • PRÉPARATION : 1 HEURE • MATÉRIEL : 1 ROBOT + 1 EMPORTE-PIÈCE {DE 8 CM DE DIAMÈTRE, SI POSSIBLE}

quelques olives noires dénoyautées / 1 jaune d'œuf pour la dorure ❧ **POUR LES ÉCHAUDÉS** 250 g de farine / 50 g de beurre / 125 g de rodez râpé / 2,5 g de levure chimique / 1 œuf / 5 g de sel ❧ **POUR LA CRÈME D'ARTICHAUTS** 4 beaux artichauts / huile d'olive / 1 bouquet garni / 100 g de crème fleurette / jus de citron / sel et poivre

❧ *La crème d'artichauts*

Enlever les feuilles des artichauts de manière à ne garder que le fond, les citronner, enlever le foin, couper les fonds en morceaux. Dans une casserole à feu doux, faire revenir les fonds d'artichauts dans de l'huile d'olive, verser 1,5 l d'eau, ajouter le bouquet garni, du sel et du poivre. Cuire environ 30 minutes à découvert à feu doux puis mixer {et filtrer si besoin} cette soupe en ajoutant la crème. Garder au chaud.

❧ *Les échaudés*

Réunir dans la cuve du batteur tous les ingrédients sauf l'œuf et l'eau. Bien amalgamer puis ajouter l'œuf et 5 cl d'eau de manière à obtenir une pâte homogène et souple. Laisser reposer 30 minutes au frais.

Étaler la pâte {2 à 3 mm d'épaisseur} et, à l'aide d'un emporte-pièce ou un verre, découper des disques de 8 cm de diamètre environ. Façonner ces disques en forme de tricorne. Faire bouillir de l'eau et pocher 2 à 3 minutes les échaudés dans cette eau bouillante {d'où leur nom}, les égoutter, les disposer sur une plaque à pâtisserie, déposer une demi-olive au centre de chaque échaudé, les dorer au jaune d'œuf et les cuire 20 minutes à 180 °C {th. 6}. Servir chaud.

Verser la crème dans des assiettes chaudes ou en verrines, et servir avec les échaudés.

CONSEIL ❧ *Vous pouvez réaliser la soupe avec des fonds d'artichauts surgelés. La pâte des échaudés peut être réalisée la veille.*

Œuf poché en timbale de brick
aux répounchous et tanous, blé dur au fromage rodez

POUR 4 PERSONNES • PRÉPARATION : 45 MINUTES • MATÉRIEL : 4 RAMEQUINS

1 botte de tanous / 1 botte de répounchous / 2 feuilles de brick / 1 jaune d'œuf / 4 œufs entiers / vinaigrette / vinaigre **POUR LE BLÉ DUR** 1 échalote / 1 cuillerée à soupe de beurre / 80 g de blé dur {ou boulgour} / 1 bouquet garni / 50 g de fromage rodez {à défaut du parmesan} / 50 g de crème fouettée / sel et poivre

Le blé dur

Dans une casserole à feu doux faire fondre le beurre et y faire revenir l'échalote ciselée. Verser le blé dur, assaisonner, verser de l'eau {deux fois et demi le volume de blé dur}, ajouter le bouquet garni et cuire doucement à couvert 20 minutes environ.
Au terme de la cuisson, ajouter le fromage rodez râpé et de la crème de manière à avoir une consistance onctueuse. Garder au chaud.

Cuire les tanous à grande eau bouillante salée durant 10 minutes, les rafraîchir pour qu'ils gardent une jolie couleur verte. Égoutter.
Cuire rapidement les répounchous dans une grande quantité d'eau bouillante salée et légèrement vinaigrée, les rafraîchir dans une grande quantité d'eau froide. Égoutter.
Les pointes des répounchous peuvent également être mangées crues.

Badigeonner une feuille de brick de jaune d'œuf, la recouvrir d'une autre feuille de brick, les couper en 4 parts. Les mouler dans 4 ramequins pour leur donner une forme ronde et légèrement profonde. Enfourner à 180 °C {th. 6} pendant 10 minutes.

Casser les œufs un à un dans des ramequins. Porter de l'eau fortement vinaigrée à ébullition, baisser l'intensité du feu et verser chaque œuf dans cette eau. Les cuire 5 à 6 minutes dans l'eau frémissante en ramenant bien le blanc de l'œuf sur le jaune. Au terme de la cuisson les maintenir au chaud.

Au moment de servir

Assaisonner les tanous et répounchous avec un peu de vinaigrette. Répartir du blé dur dans les timbales de brick, poser un œuf poché dessus, disposer joliment les tanous et répounchous autour.

CONSEIL *Vous pouvez également servir ce plat avec une sauce à l'oseille ou une crème de cresson.*

Raviole de pied de veau aux huîtres, copeaux de foie gras, légumes au bouillon de pot-au-feu parfumé au safran

POUR 4 PERSONNES • PRÉPARATION : 1 HEURE + TEMPS DE CUISSON DU PIED DE VEAU : 3 HEURES
MATÉRIEL : 4 RAMEQUINS {DE 6 CM DE DIAMÈTRE, SI POSSIBLE}

8 fines lamelles de foie gras crues ou mi-cuit / fleur de sel ❧ **POUR LE PIED DE VEAU** ½ pied de veau / 1 carotte / 1 oignon / 1 poireau / 50 g d'échalotes / 75 g de jambon de pays / 2 cuillerées à soupe d'huile / 2 cuillerées à soupe de crème fraîche / sel ❧ **POUR LES LÉGUMES** 1 carotte / 1 navet / 100 g de petits pois écossés {ou cocos selon la saison} / 100 g de haricots verts ❧ **POUR LE BOUILLON DE POT-AU-FEU** 50 cl de bouillon de pot-au-feu dégraissé {que vous aurez gardé d'un précédent pot-au-feu} / 1 pincée de pistils de safran ❧ **POUR LES RAVIOLES** 4 huîtres n° 2 / 2 feuilles de galette de riz

❧ *La cuisson du pied de veau*

Cuire le demi-pied de veau dans de l'eau, ajouter la carotte, l'oignon, le poireau entiers et le sel. Cuire 3 heures à feu doux à découvert. Le désosser, le découper en petits dés.

Éplucher, laver et détailler en cubes la carotte et le navet. Les cuire séparément à grande eau bouillante salée. Rafraîchir. Écosser les petits pois, les cuire à grande eau bouillante salée. Rafraîchir. Égoutter. Équeuter les haricots et les détailler en tronçons, les cuire à grande eau bouillante salée. Rafraîchir.

❧ *Le bouillon de pot-au-feu*

Dans une casserole à feu doux, faire chauffer le bouillon, l'assaisonner et le parfumer avec les pistils de safran. Maintenir au chaud.

❧ *La préparation du pied de veau*

Éplucher et ciseler l'échalote, la faire revenir dans l'huile, ajouter le jambon coupé en dés, puis les dés de pied de veau, bien mélanger et ajouter la crème. Maintenir au chaud.

❧ *Les ravioles*

Ouvrir les huîtres, les pocher dans leur eau quelques secondes. Ramollir les feuilles de riz dans de l'eau froide, les couper en deux, en tapisser les ramequins beurrés, déposer dans chaque ramequin 1 huître et répartir la préparation du pied de veau. Replier les bords de la galette de riz afin de fermer, tasser légèrement. Dans une casserole à feu doux, réchauffer tous les légumes avec un peu d'eau et un peu de beurre. Chauffer les ravioles dans leur ramequin, dans un four au bain-marie, à 70° {th2-3} 10 à 15 minutes.

❧ *Pour servir*

Dans 4 assiettes creuses, démouler les ravioles, déposer autour les légumes, verser le bouillon et surmonter de deux copeaux de foie gras parsemés de grains de fleur de sel.

CONSEIL ❧ *Faire cuire le pied et le désosser la veille.*
Les feuilles de galette de riz peuvent être remplacées par des feuilles de chou vert blanchies.

Les farsous

POUR 4 PERSONNES • PRÉPARATION : 15 MINUTES
MATÉRIEL : 1 HACHOIR

200 g d'herbes {persil et vert de blette}
120 g de poitrine de porc cuite
{ou jambon ou reste de viande}
80 g de pain rassis
2 œufs
5 cl de lait
huile
sel et poivre

Laver et trier les herbes. Passer tous les ingrédients dans un hachoir, ajouter les œufs et le lait, assaisonner, bien amalgamer l'ensemble. Façonner des petites galettes avec 2 cuillères.

Dans une poêle antiadhésive à feu doux, verser de l'huile et déposer les petits farsous, cuire et faire dorer quelques instants sur une face puis retourner et faire dorer sur l'autre face.

Servir chaud.

Le farsou aux herbes cuit au four

POUR 4 PERSONNES • PRÉPARATION : 25 À 35 MINUTES
MATÉRIEL : 1 ROBOT

250 g de feuilles de blettes, persil,
roquette, feuilles de chou
huile
70 g d'échalotes
30 g de jambon
80 g de mie de pain
7 cl de lait
2 œufs

Plonger les herbes dans de l'eau bouillante pendant 30 secondes, les refroidir, les émincer grossièrement, bien essorer.

Faire légèrement colorer dans de l'huile les échalotes émincées et le jambon.

Rassembler dans le robot, les herbes, le pain trempé dans le lait, les œufs, le mélange échalotes et jambon, mixer et verser dans un plat beurré. Cuire au four à 160 °C {th. 5-6} pendant 20 à 30 minutes. Vérifier la cuisson en plantant la pointe d'un couteau dans le farsou : elle doit ressortir sèche.

CONSEIL *Ils peuvent être servis à l'apéritif ou en plat principal avec une salade.*

Brochette d'escargots

légèrement aillés et panés, oseille, girolles et pois gourmands

POUR 4 PERSONNES • PRÉPARATION : 1 H 30 + 1 HEURE DE REPOS POUR LES BROCHETTES
MATÉRIEL : 8 BROCHETTES EN BOIS {DE 10 CM DE LONG, SI POSSIBLE} + 1 FRITEUSE + 1 ROBOT

❧ **POUR LES BROCHETTES** 4 douzaines d'escargots préparés / 3 jaunes d'œufs / 2 cuillerées à soupe d'huile ❧ **POUR LA PURÉE AILLÉE** 200 g de pommes de terre à chair blanche {Beauvais par exemple} / 2 gousses d'ail / 30 g de beurre / sel et poivre ❧ **POUR LES POMMES DE TERRE POUR PANER** 300 g de pommes de terre à chair blanche {Beauvais par exemple} ❧ **POUR LES LÉGUMES** 200 g de petites girolles / 200 g de pois gourmands {ou autres légumes verts} / sel et poivre ❧ **POUR LA SAUCE À L'OSEILLE** 1 jaune d'œuf / 40 g de bouillon de légumes froid / 40 g d'huile de pépins de raisin / 100 g de jolies feuilles d'oseille, nettoyées, lavées et essorées

❧ *La purée aillée*

Éplucher les gousses d'ail et les pommes de terre, les laver, les cuire avec l'ail dans une casserole d'eau salée, départ à l'eau froide. Au terme de la cuisson, égoutter soigneusement et passer au tamis, lier au beurre. Réserver cette purée volontairement épaisse. Assaisonner.

❧ *Les pommes de terre pour paner*

Éplucher, laver et tailler façon chips les pommes de terre, les frire sans trop de coloration, saler légèrement. Écraser ces chips de manière à obtenir de grosses miettes.

❧ *Les brochettes*

Enfiler 6 escargots sur chaque brochette en les serrant bien les uns contre les autres {compter 2 brochettes par personne}. À l'aide d'une spatule, enduire les brochettes de purée aillée. Battre les jaunes d'œufs avec 2 cuillerées à soupe d'huile. Passer les brochettes dans ce mélange œuf-huile. Rouler les brochettes dans la panure de chips. Les mettre au frais au moins 1 heure.

❧ *Les légumes*

Nettoyer et laver rapidement les girolles. Équeuter les pois gourmands, les cuire rapidement dans de l'eau salée, les rafraîchir, les égoutter.

❧ *La sauce à l'oseille*

Mixer ensemble le jaune d'œuf, le bouillon, l'huile et l'oseille crue, assaisonner le tout.

❧ *Quelques instants avant de servir*

Cuire 1 minute chaque brochette dans une friteuse chauffée à 180 °C {th. 6}.
En même temps, cuire les girolles dans une poêle légèrement huilée. Saler et poivrer, réserver au chaud. Réchauffer les pois gourmands dans une sauteuse avec un peu d'eau et de beurre, assaisonner.

❧ *Pour servir*

Sur des assiettes chaudes, déposer sur le fond la sauce à l'oseille froide, les brochettes dessus en croisillons, agrémenter de girolles et de poids gourmands.

CONSEIL ❧ *Les brochettes panées peuvent être réalisées à l'avance. Il est préférable de faire la sauce juste quelques instants avant de la déguster, car elle aura une plus jolie couleur, ne pas la faire chauffer, elle perdrait sa belle teinte verte.*

Chou farci de pieds de porc aux lentilles

POUR 4 PERSONNES • PRÉPARATION : 1 HEURE + TEMPS DE CUISSON DES PIEDS DE PORC : 2 H 30
MATÉRIEL : 4 RAMEQUINS {DE 7 CM DE DIAMÈTRE ET 4 CM DE HAUTEUR, SI POSSIBLE}

4 jolies feuilles de chou vert frisé ❧ **POUR LES PIEDS DE PORC** 2 pieds de porc fendus en deux / 1 carotte / 1 oignon piqué d'1 clou de girofle / 1 poireau / 1 bouquet garni / 75 g de jambon de pays / 2 échalotes / 40 g de crème fraîche liquide / sel et poivre ❧ **POUR LES LENTILLES** 1 petit oignon / 1 petite carotte / 200 g de lentilles vertes du Puy / 1 bouquet garni / huile

❧ *Les pieds de porc*

Mettre les pieds dans une marmite avec de l'eau froide à hauteur. À ébullition, les égoutter et changer l'eau. Faire cuire les pieds avec la carotte, l'oignon, le poireau et le bouquet garni pendant 2 heures à 2 h 30 environ à feu doux à couvert. Les pieds doivent pouvoir se désosser facilement. Les retirer de leur eau de cuisson, les laisser tiédir et les désosser. Les couper en petits cubes. Découper le jambon en cubes et ciseler les échalotes. Dans une sauteuse huilée, faire revenir les échalotes à feu doux, ajouter le jambon, puis les pieds, bien mélanger, verser la crème, assaisonner.

Cuire quelques secondes les feuilles de chou dans de l'eau bouillante, les rafraîchir. Tapisser les ramequins avec les feuilles de chou, côté le plus vert vers l'extérieur. Remplir avec les pieds préparés, replier la feuille de chou et tasser légèrement ; si besoin est, vous pouvez réchauffer les choux farcis au four au bain-marie à 120 °C {th. 4}.

❧ *Les lentilles*

Ciseler l'oignon et couper la carotte lavée et épluchée en petits cubes, les faire revenir dans une casserole huilée à feu doux, ajouter les lentilles, verser de l'eau froide à hauteur, couvrir et laisser cuire 30 minutes. Assaisonner. Garder au chaud.

❧ *Pour servir*

Répartir les lentilles dans les assiettes creuses chaudes, démouler et déposer le chou farci bien chaud sur les lentilles.

CONSEIL ❧ *Vous pouvez acheter chez votre boucher des pieds de porc déjà cuits.
Vous pouvez, au dernier moment, ajouter sur les lentilles quelques dés de foie gras crus ou mi-cuits.*

Recette traditionnelle du chou farci.

Pavé de veau de l'Aveyron et du Ségala,
huile gingembre, coriandre et citron confit, poitrine au beurre d'herbe et purée de patate douce

POUR 4 PERSONNES • PRÉPARATION : 1 H 30 + TEMPS CUISSON DE LA POITRINE : 2 HEURES

❧ **POUR LE PAVÉ ET LA POITRINE DE VEAU** 4 pavés de veau de l'Aveyron et du Ségala de 150 g dans un carré de veau désossé / 300 g de poitrine de veau / 1 oignon piqué d'1 clou de girofle / 1 carotte / 1 poireau / 1 bouquet garni / huile ❧ **POUR L'HUILE GINGEMBRE, CORIANDRE ET CITRON CONFIT** 1 bouquet de coriandre fraîche / 1 petit morceau de gingembre frais / 1/4 de citron confit / 10 cl d'huile de pépins de raisin ❧ **POUR LA PURÉE DE PATATE DOUCE** 400 g de patates douces / 20 g de crème / 20 g de beurre / sel et poivre ❧ **POUR LE BEURRE D'HERBES** 70 g d'herbes {25 g de persil, 25 g de vert de blette, 10 g de cerfeuil, 10 g d'estragon} / 100 g de beurre / 30 g de farine

❧ *L'huile gingembre, coriandre et citron confit*
Ciseler les pluches de coriandre, ajouter le gingembre râpé et le citron confit haché finement, mélanger le tout à l'huile.

❧ *Le poitrine de veau*
Faire cuire la poitrine de veau dans un bouillon de légumes {l'oignon, la carotte, le poireau, le bouquet garni} 2 heures environ à feu doux à couvert.

❧ *La purée de patate douce*
Éplucher, couper et cuire les patates douces à la vapeur durant 15 minutes, contrôler la cuisson avec la pointe d'un couteau. Mixer avec la crème et le beurre, assaisonner. Garder au chaud.

❧ *Le beurre d'herbes*
Tremper quelques secondes dans l'eau bouillante, les pluches d'herbes, les rafraîchir et les égoutter en pressant fort, les mixer et incorporer le beurre en pommade et la farine. Assaisonner.

❧ *Le pavé de veau*
Dans une sauteuse, faire chauffer 2 cuillerées à soupe d'huile et 30 g de beurre, poser les morceaux de viande salés et poivrés, colorer et finir la cuisson au four à 100 °C {th. 3-4} pendant 5 minutes environ en les retournant une fois. Sortir du four, laisser reposer la viande.

Enlever la graisse de la sauteuse, et verser 5 cl d'eau, filtrer le jus ainsi obtenu et le réserver au chaud.
Couper 4 tranches dans la poitrine et les colorer légèrement dans du beurre et de l'huile à feu doux ; étaler du beurre d'herbes sur ces tranches de poitrine et les faire légèrement gratiner au four.

❧ *Pour servir*
Répartir au fond des assiettes l'huile aromatisée et du jus de viande, poser une part de carré de veau et une tranche de poitrine gratinée, le tout accompagné de purée de patate douce et de quelques légumes en décoration.

CONSEIL ❧ *La veille, vous pouvez cuire la poitrine et réaliser l'huile de citron à la coriandre et gingembre.*

Blanc de poulet rôti aux noix,

petits poireaux à l'huile de noix

POUR 4 PERSONNES • PRÉPARATION : 1 HEURE

POUR LES BLANCS DE POULET 4 blancs de poulet avec la peau / 150 g de noix / sel et poivre **POUR LES POIREAUX** 12 petits poireaux {si possible des mini-poireaux} / sel et poivre **POUR LE JUS DE VOLAILLE** 1 carcasse de volaille / 1 carotte / 1 oignon / 1 bouquet garni {thym, laurier, vert de poireau, tiges de persil} / 6 cl d'huile de noix

Le jus de volaille

Bien faire rissoler les os de poulet concassés dans une casserole à feu vif avec un peu d'huile, il faut obtenir une jolie coloration. Ajouter l'oignon et la carotte épluchés et coupés en dés, faire bien rissoler avant d'ajouter le bouquet garni. Verser de l'eau à hauteur et laisser cuire 1 heure à frémissement à feu doux. Filtrer le jus dans une passoire et faire réduire s'il est trop liquide. Vous devez obtenir 25 cl de jus. Le mettre au réfrigérateur. Lorsqu'il est totalement refroidi, enlever la couche de gras qui est remontée à la surface à l'aide d'une écumoire.

Les poireaux

Nettoyer les poireaux à l'eau fraîche, les garder entiers {ou les tailler en biseaux de 4 cm de longueur}. Les faire cuire à l'eau bouillante salée quelques minutes, puis les rafraîchir à l'eau glacée pour qu'ils gardent une jolie couleur.

Les blancs de poulet

Hacher les noix finement. Saler et poivrer les blancs de poulet. Poser le blanc côté peau dans la paume de la main et le retourner côté chair dans les noix hachées, appuyer légèrement. Mettre à cuire dans une poêle antiadhésive huilée, à feu doux, côté noix en premier {bien surveiller la cuisson, les noix brûlent rapidement}. Retourner côté peau, faire rissoler. Déposer les blancs de volaille dans un plat et finir la cuisson durant 10 à 15 minutes au four à 100 °C {th. 3-4}.

Au dernier moment

Dans une poêle, chauffer les poireaux dans un peu d'eau et de beurre. Réchauffer le jus de volaille, y ajouter l'huile de noix.

Pour servir

Dans les assiettes creuses, répartir le jus de volaille à l'huile de noix, poser les blancs de volaille et ranger à côté les poireaux.

CONSEIL *Préparer le jus de volaille à l'avance.*

Gigot de chevreau rôti
aux légumes de printemps, crème mousseuse à l'oseille

POUR 4 PERSONNES • PRÉPARATION : 1 H 30

POUR LE CHEVREAU 1 gigot de chevreau de 1,5 kg environ / 1 crépine de porc lavée / huile / 20 g de beurre / sel et poivre **POUR LES LÉGUMES** 16 petites carottes nouvelles avec leurs fanes / 16 oignons nouveaux / 200 g de pois gourmands / 200 g de fèves écossées / 8 petites pommes de terre nouvelles / 100 g de lard maigre **POUR LA CRÈME D'OSEILLE** 50 g de crème fleurette / 1 jaune d'œuf / 30 g de beurre / 300 g d'oseille

Le chevreau

Le désosser entièrement, le parer, le rouler. Étaler la crépine et envelopper le rôti, ficeler.

Faire rissoler sur feu vif le gigot dans une cocotte avec du beurre et de l'huile, assaisonner de sel et de poivre, bien dorer sur toutes les faces. Finir la cuisson à four doux {120 °C – th. 4} pendant 20 à 30 minutes suivant la grosseur du gigot. {Le chevreau doit être servi rosé à cœur}.

Les légumes

Éplucher les carottes fanes en gardant 2 cm de fanes. Éplucher les oignons en gardant également 2 cm de fanes. Équeuter les pois gourmands, les couper en deux de biais.

Cuire al dente tous ces légumes dans une grande quantité d'eau bouillante salée, rafraîchir à l'eau froide. Faire blanchir les fèves et enlever leur deuxième peau.

Peler les pommes de terre, les couper en deux ou en quatre suivant la grosseur.

Dans une grande poêle, faire fondre doucement le lard coupé en cubes, ajouter les pommes de terre, faire rissoler et couvrir pour finir la cuisson 20 minutes à feu doux en les remuant souvent. Ajouter les autres légumes et réchauffer le tout, rectifier l'assaisonnement.

La crème d'oseille

Fouetter la crème, ajouter le jaune d'œuf battu, remuer délicatement le tout. Équeuter et laver l'oseille, l'essorer. Faire fondre doucement le beurre dans une casserole, ajouter l'oseille {en cuisant elle va beaucoup réduire}. Garder au chaud.

Au moment de servir, ajouter la crème, rectifier l'assaisonnement.

Pour servir

Sur un grand plat ovale, déposer le gigot découpé entouré des légumes, servir la crème d'oseille à part dans une saucière.

CONSEIL *Vous pouvez faire préparer le gigot par votre boucher. Cuit à four doux, le chevreau sera ainsi légèrement rosé.*

Mignon de porc rissolé à l'huile de genièvre, confit d'oignons aux abricots secs, polenta et jus à la sauge

POUR 4 PERSONNES • PRÉPARATION : 1 H 30 + TEMPS DE CUISSON DU JUS DE PORC : 1 HEURE + TEMPS DE CUISSON DU CONFIT D'OIGNON : 1 H 30

❧ **POUR LE FILET MIGNON** 1 filet mignon de porc de 600 à 700 g environ / huile ❧ **POUR L'HUILE DE GENIÈVRE** 10 cl d'huile de pépins de raisin / 10 g de baies de genièvre écrasées ❧ **POUR LE JUS DE PORC** os et parures de porc / huile / 1 oignon / 1 carotte / 1 bouquet garni / quelques feuilles de sauge ❧ **POUR LE CONFIT D'OIGNONS** 350 g d'oignons doux / 20 g de beurre / 6 cl de bouillon de volaille / 6 cl de lait / 3 cuillerées à soupe de vinaigre de vin / 60 g d'abricots secs / sel et poivre / ❧ **POUR LA PLENTA** 30 cl de lait / 20 g de beurre / sel et poivre / noix de muscade / 50 g de polenta / 20 g de crème fleurette

❧ *L'huile de genièvre*

Dans un bocal, mettre les grains de genièvre à infuser dans l'huile. Réserver.

❧ *Le jus de porc*

Faire revenir dans une casserole à feu vif avec de l'huile les os concassés et les parures de porc. Lorsque les os sont rissolés et bien colorés, ajouter les légumes épluchés et émincés, et le bouquet garni, bien mélanger, ajouter de l'eau à hauteur. Cuire 1 heure environ à feu doux, sans couvrir, filtrer, faire réduire de manière à obtenir 10 cl de jus, le dégraisser {mettre le jus de porc au frais, ainsi la matière grasse se solidifiera et vous pourrez le dégraisser facilement}. Faire chauffer le jus de nouveau à feu doux et ajouter les feuilles de sauge à infuser 30 minutes à couvert.

❧ *Le confit d'oignons*

Éplucher et émincer finement les oignons. Dans une sauteuse, mettre le beurre, ajouter les oignons et faire suer à feu doux en remuant, ajouter le bouillon, le lait et le vinaigre. Assaisonner. Couvrir et laisser confire doucement 1 h 30 environ {soit dans un four à 120 °C – th. 4 – soit sur une plaque}. À mi-cuisson, ajouter les abricots secs émincés. Assaisonner.

❧ *Le filet mignon*

Parer et détailler en 4 parts égales, ficeler la viande. Dans une poêle, sur feu vif, colorer sur toutes les faces les mignons de porc avec l'huile, finir la cuisson au four 20 minutes à 120 °C {th. 4}. Laisser reposer.

❧ *La polenta*

Dans une casserole à feu vif, faire bouillir le lait, ajouter le beurre, du sel, du poivre, de la noix de muscade râpée, verser la polenta en pluie, remuer jusqu'à ce que la polenta soit cuite, ajouter la crème.

❧ *Pour servir*

Dans les assiettes chaudes plates, déposer une bonne cuillerée de confit d'oignons, poser dessus la viande déficelée, arroser d'un peu d'huile de genièvre et de jus de porc. Servir la polenta arrosée de jus de porc à la sauge.

CONSEIL ❧ *L'huile de genièvre peut être préparée plusieurs jours à l'avance et conservée plusieurs mois. Le jus de porc et le confit d'oignons peuvent être cuisinés la veille.*

Brochette de ris de veau

et de pommes de terre au lard, râpée de truffes

POUR 4 PERSONNES • PRÉPARATION : 1 HEURE
MATÉRIEL : 8 PIQUES DE BOIS {DE 12 CM DE LONG, SI POSSIBLE} + 1 RÂPE À TRUFFE

❧ **POUR LES BROCHETTES** 800 g de ris de veau / 8 pommes de terre {ratte ou charlotte} de 50 g environ chacune / 16 tranches fines de poitrine de porc séchée / 2 cuillerées à soupe d'huile / 50 g de beurre / sel et poivre ❧ **POUR LE GARNITURE** 200 g de pois mange-tout / 8 carottes fanes ❧ **POUR LE RÂPÉE DE TRUFFES** 50 g de truffes / 2 cuillerées à soupe de jus de viande / 1 cuillerée à soupe d'huile d'olive / 30 g de crème fouettée

❧ *Les brochettes*

Plonger les ris de veau dénervés et dégorgés 15 minutes dans de l'eau bouillante salée, les refroidir, les égoutter et les mettre sous presse entre deux plateaux avec un poids dessus. Réserver au frais. Détailler les ris en 24 morceaux de la taille d'un gros dé.

Cuire les pommes de terre en robe des champs, les refroidir, les éplucher, les détailler en 16 tranches épaisses de 1 cm environ. Enrubanner chaque tranche avec la poitrine de porc.

Enfiler trois dés de ris de veau sur la pique de bois en alternant avec deux tranches de pomme de terre enrobées de poitrine. Réaliser de cette façon 8 brochettes, saler, poivrer.

❧ *La garniture*

Équeuter les pois gourmands, les couper en deux ou trois, les cuire à grande eau bouillante salée {al dente}, les rafraîchir dans une grande quantité d'eau froide. Éplucher les carottes en laissant un peu de fane {les couper en deux dans le sens de la longueur si elles sont trop grosses}. Les cuire comme les pois gourmands.

❧ *Avant de servir*

Dans une poêle , à feu doux, faire chauffer de l'huile et du beurre, déposer les brochettes et bien colorer sur toutes les faces jusqu'à ce qu'elles prennent une jolie couleur dorée, 5 minutes sur chaque face.

Dans une sauteuse, chauffer un peu de beurre et réunir les pois gourmands et les carottes, assaisonner et faire dorer légèrement.

Dans une petite casserole, râper la truffe {à défaut de râpe, la hacher finement}, ajouter le jus de viande, l'huile d'olive, chauffer à feu doux et alléger avec de la crème fouettée.

❧ *Pour servir*

Déposer parallèlement les brochettes sur 4 assiettes chaudes, disposer les légumes entre les brochettes et arroser de la râpée de truffes. À déguster bien chaud !

CONSEIL ❧ *Dénerver les ris, les faire dégorger 24 heures dans de l'eau glacée.*

Jarret de veau de l'Aveyron et du Ségala
aux zestes d'orange et à la coriandre, côtes et vert de blettes

POUR 4 À 6 PERSONNES • PRÉPARATION : 20 MINUTES + TEMPS DE CUISSON DU JARRET : 2 H 30

❧ **POUR LE JARRET** le zeste de 2 oranges / 1 jarret de veau arrière de 1,8 kg environ / 1 tomate bien mûre / 2 oignons / 1 gousse d'ail / 1 petit morceau épluché de gingembre frais / 1 beau bouquet garni / huile / sel et poivre ❧ **POUR LES BLETTES** 800 g de blettes / 2 cuillerées à soupe de graines de coriandre concassées / beurre / sel et poivre

Couper très finement en dés le zeste des oranges, les mettre dans une casserole d'eau froide, porter à ébullition et laisser bouillir quelques minutes, égoutter {cette opération a pour but d'enlever l'amertume}.

❧ *Le jarret*

Verser 4 cuillerées à soupe d'huile dans une cocotte, chauffer cette huile sur feu vif et y faire colorer le jarret, le saler et le poivrer sur toutes ses faces. Ajouter la tomate coupée en morceaux, les oignons ciselés, l'ail écrasé, bien mélanger tous ces ingrédients en leur donnant une légère coloration. Incorporer la moitié du zeste blanchi, une cuillerée à soupe de coriandre, le gingembre haché et le bouquet garni. Verser de l'eau chaude à mi-hauteur du jarret. Porter à ébullition, couvrir et cuire au four à 120 °C {th. 4} durant 2 heures à 2 h 30. Le retourner à mi-cuisson.

Pendant ce temps, laver et séparer le vert des côtes de blettes. Effiler les côtes et les couper en bâtonnets. Cuire séparément à grande eau bouillante salée les verts 5 minutes et les côtes durant 15 minutes. Bien rafraîchir à l'eau froide. Lorsque le jarret est cuit, le déposer dans le plat de service, debout. Filtrer le jus de cuisson et le faire réduire si nécessaire, ajouter le zeste et les graines de coriandre restantes concassées. Rectifier l'assaisonnement.
Faire chauffer le vert et les côtes de blettes avec un peu de beurre, saler. Les déposer autour du jarret. Arroser d'un peu de jus et servir le reste en saucière.

❧ *Pour servir*

Pour plus de convivialité, découper le jarret devant les convives.

Tiges de rhubarbe confites,

fraises et mousse au fromage blanc, sorbet à l'eau de rose

❧

Un joli mariage de couleur dans ce dessert ; chaque bouchée peut être différente : eau de rose, fraise, rhubarbe, fromage blanc, menthe !

POUR 4 PERSONNES • PRÉPARATION : 30 MINUTES • MATÉRIEL : 1 SORBETIÈRE + 1 FEUILLE SILPAT {FEUILLE EN SILICONE}

200 g de fraises lavées et équeutées pour la décoration ❧ **POUR LA RHUBARBE CONFITE** 250 g de sucre / 12 cl d'eau / 1,5 gousse de vanille / 4 tronçons de rhubarbe ❧ **POUR LE SORBET À L'EAU DE ROSE** 45 cl d'eau / 130 g de sucre / 75 g de glucose / 2,5 cl d'eau de rose / 2 jus de citron / quelques gouttes de colorant rouge ❧ **POUR LA MOUSSE AU FROMAGE BLANC** 40 g de sucre / ½ jus de citron / 1 feuille de gélatine / 100 g de fromage blanc / 100 g de crème fouettée ❧ **POUR LE JUS DE RHUBARBE À LA MENTHE** 150 g de rhubarbe / 50 g de sucre / quelques feuilles de menthe ❧ **POUR LA TUILE À LA FRAISE** 65 g de beurre / 100 g de sucre / 50 g de jus de fraise / 30 g de farine

❧

❧ *La rhubarbe confite*

Dans une casserole à feu doux, chauffer le sucre et l'eau pour faire un sirop, ouvrir les gousses de vanille, en extraire les graines et les ajouter au sirop. Éplucher la rhubarbe, la tailler en 4 tronçons de 13 cm, la mettre à confire dans le sirop à feu doux quelques minutes. Égoutter.

❧ *Le sorbet à l'eau de rose*

Dans une casserole, faire bouillir l'eau, le sucre, le glucose. Ajouter l'eau de rose, le jus de citron et le colorant, laisser refroidir le tout et turbiner dans votre sorbetière selon le temps indiqué.

❧ *La mousse au fromage blanc*

Dans une petite casserole à feu doux, faire fondre le sucre avec le jus de citron. Mettre la feuille de gélatine dans de l'eau bien froide, l'égoutter, l'incorporer dans le sucre et le citron, puis verser sur le fromage blanc. Laisser figer le mélange avant d'incorporer la crème fouettée. Garder au frais.

❧ *Le jus de rhubarbe à la menthe*

Éplucher la rhubarbe, l'émincer, la faire cuire avec un peu d'eau et le sucre. Une fois cuite, filtrer sans presser, récupérer le jus et le verser sur les feuilles de menthe, laisser infuser et filtrer de nouveau. Garder le jus au frais.

❧ *La tuile à la fraise*

Faire fondre le beurre, incorporer le sucre, le jus de fraise et terminer par la farine. Étaler le plus finement possible sur une feuille silpat {feuille de silicone} et cuire au four à 160 °C {th. 5-6} pendant 10 minutes environ. Détailler vos tuiles à la fraise en forme de triangle. Laisser refroidir.

❧ *Pour servir*

Disposer les tronçons de rhubarbe sur quatre assiettes, les recouvrir de mousse au fromage blanc, aligner les fraises dessus, servir, à côté, dans un verre le jus de rhubarbe à la menthe et le sorbet à l'eau de rose dans un petit pot.
Décorer avec la tuile.

Poêlée de mûres et pain perdu,
crème fouettée à la vanille

POUR 4 PERSONNES • PRÉPARATION : 30 MINUTES

❧ **POUR LA CRÈME FOUETTÉE AU YAOURT** 2 feuilles de gélatine / jus d' ½ citron / 1 yaourt nature / 80 g de sucre / 1 gousse de vanille / 200 g de crème fleurette ❧ **POUR LA POÊLÉE DE MÛRES** 100 g de sucre / 20 cl de jus de pomme / 500 g de mûres ❧ **POUR LE PAIN PERDU** 1 brioche ou du pain brioché / 3 œufs / 80 g de sucre / 30 cl de lait / 100 g de beurre

❧ *La crème fouettée au yaourt*

Mettre la gélatine à tremper dans de l'eau bien froide, égoutter. Faire tiédir le jus de citron. Faire fondre la gélatine dans le jus de citron tiède. Dans un récipient, verser le yaourt, le mélange citron-gélatine, le sucre, ouvrir les gousses de vanille, en extraire les graines et les ajouter, mélanger le tout. Fouetter la crème et incorporer délicatement au mélange précédent. Garder au frais.

❧ *La poêlée de mûres*

Faire un caramel avec le sucre, verser le jus de pomme pour arrêter la cuisson, puis laisser réduire de moitié à feu doux. Ajouter les mûres, laisser « compoter » 2 minutes. Laisser refroidir l'ensemble.

❧ *Le pain perdu*

Détailler des tranches épaisses de brioche de 10 cm x 15 cm. Battre les œufs et le sucre, ajouter le lait. Tremper les tranches sur les deux faces dans ce mélange. Faire dorer la brioche dans du beurre mousseux à feu doux. Retirer et déposer sur du papier absorbant.

❧ *Pour servir*

Sur des assiettes, répartir la poêlée de mûres, arroser délicatement du jus des mûres, déposer les tranches de pain perdu et une grosse cuillerée de crème fouettée.

CONSEIL ❧ *Ce dessert simple peut être réalisé avec des enfants qui éprouveront une grande joie à cueillir les mûres.*

❧

Pompe à l'huile

au caillé de vache et à la marmelade de citron

POUR 4 PERSONNES • PRÉPARATION : 1 H 30 + TEMPS DE PRÉPARATION DE LA MARMELADE DE CITRON : 4 HEURES ENVIRON RÉPARTIES SUR 3 JOURS • MATÉRIEL : 1 ROBOT + 1 POCHE À DOUILLE + 1 DOUILLE

sucre glace ❧ **POUR LA MARMELADE DE CITRON** 1 citron non traité / 200 g de sucre {vous pouvez multiplier les proportions} ❧ **POUR LA POMPE** pour la pâte : 14 cl de lait / 5 g de sel / 10 g de levure / 250 g de farine / 50 g de beurre fondu / pour l'appareil : 1 jaune d'œuf / 30 g d'huile / 25 g de crème fleurette / 25 g d'amandes effilées / 50 g de sucre en poudre ❧ **POUR LE CAILLÉ DE VACHE {OU UNE FAISSELLE}** 40 g de sucre / 75 g de caillé égoutté puis cassé au fouet / ½ jus de citron / 40 g de crème fouettée

1er jour

❧ *La marmelade de citron*

Laver et émincer finement le citron, le mettre à macérer dans un récipient en verre avec 25 cl d'eau et le sucre pendant 24 heures au frais.

2ème jour

❧ *La marmelade de citron*

Dans une casserole, faire cuire 30 minutes la macération citron et eau à feu doux à découvert. Mettre 24 heures au frais.

❧ *La pompe*

Dissoudre le sel dans la moitié du lait. Dissoudre la levure dans le reste de lait. À l'aide d'un robot, mélanger rapidement la farine et le lait, puis toujours rapidement, ajouter le beurre fondu. Laisser reposer cette pâte 2 ou 3 heures à température ambiante, puis toute une nuit au réfrigérateur.

3ème jour

❧ *La pompe*

Étaler la pâte à pompe sur une plaque {25 cm x 15 cm, si possible}. La laisser lever 15 minutes à température ambiante. Monter au batteur le jaune d'œuf, l'huile et la crème afin d'obtenir une crème onctueuse. Étaler cette crème sur la pâte, répartir les amandes effilées et le sucre. Cuire au four à 190 °C {th 6-7} pendant 25 minutes environ. Laisser refroidir.

❧ *La marmelade de citron*

Dans une casserole, sur feu doux, cuire la macération eau et citron et sucre jusqu'à 104 °C {comme pour une confiture}. Laisser refroidir.

❧ *Le caillé de vache*

Mélanger au fouet le sucre, le caillé et le jus de citron. Incorporer délicatement la crème fouettée. Garder au frais.

❧ *Avant de servir*

Détailler la pompe en quatre parts. Découper par moitié dans le sens de l'épaisseur chaque part de pompe. À l'aide d'une poche munie d'une douille, répartir sur les bordures des parties inférieures de chaque part, en creusant une légère cuvette, la crème au caillé de vache et déposer dessus la marmelade de citron. Recouvrir avec les autres moitiés de pompe aux amandes. Saupoudrer de sucre glace et servir.

CONSEIL ❧ *Préparer la pâte la veille.*
Vous pouvez éviter de faire la marmelade de citron et l'acheter en pot.

Fouace, smoothie ou jus de fruits, et brochette de fruits

❧

{Recette de Paul}

POUR 4 PERSONNES • PRÉPARATION : 1 H 15 • MATÉRIEL : 1 MOULE À FOUACE {OU À SAVARIN OU À CHARLOTTE} + 4 PIQUES EN BOIS POUR LES BROCHETTES + 1 CENTRIFUGEUSE {OU MIXEUR}

❧ **POUR LA FOUACE** 500 g de farine / 1 paquet de levure chimique / 1 pincée de sel / 170 g de sucre / 75 g de beurre + beurre pour le moule / 3 œufs / 10 cl de lait ❧ **POUR LE SMOOTHIE ET LES BROCHETTES** {choisir les fruits en fonction de la saison} 2 oranges / 2 pommes / 2 pêches / 250 g de fraises / 250 g de cerises / tomates et carottes peuvent être utilisées...

❧ *La fouace*

Réunir la farine, la levure, le sel, le sucre, le beurre fondu, les œufs dans un saladier, pétrir et détendre avec le lait. Verser dans le moule beurré et mettre au four 30 minutes à 180 °C {th. 6}. Laisser refroidir et démouler.

❧ *Les brochettes*

Réaliser 4 brochettes de fruits en utilisant quelques cerises, quelques fraises et des morceaux de pommes.

❧ *Le smoothie*

Peler les oranges à vif, les couper en quartiers. Laver les autres fruits. Enlever les noyaux des cerises, équeuter les fraises, couper les pêches, enlever les noyaux, couper les pommes. Mixer tous les fruits {pour un smoothie} ou passer tous ces fruits dans une centrifugeuse, récupérer le jus {pour un jus de fruits}.
Givrer le bord de 4 verres en les trempant dans un sirop de fraises ou autre, puis dans du sucre.

❧ *Pour servir*

Remplir les verres avec le smoothie ou le jus de fruits, décorer avec les brochettes. Servir avec la fouace.

CONSEIL ❧ *Laissez choisir les fruits et les légumes pour le « smoothie » par vos enfants, cela peut être surprenant ; c'est super pour un goûter d'anniversaire.*

❧

Causse de Villeneuve, causse Comtal, causse du Larzac… L'Aveyron possède le plus grand ensemble caussenard de France. Vastes plateaux de terres sèches et arides bordés de parois rocheuses, les causses sont le royaume des brebis et notamment des brebis Lacaune, dont le lait constitue la base du fameux roquefort. Ces causses sont l'un des paysages les plus emblématiques d'Aveyron

causses

L'Aveyron et ses causses, les plus grands de France, c'est une très vieille histoire : grottes rupestres, tumulus, statues menhirs et plus de mille dolmens témoignent de la présence de nos lointains ancêtres dans les immenses causses et avant-causses qui forment un terroir particulier. Sur ces grands plateaux plus ou moins arides, l'eau file dans les failles calcaires et creuse des rivières souterraines pour rejaillir dans les profondes vallées verdoyantes – la cascade de Salles-la-Source est l'une des plus célèbres – entaillant ces causses et définissant leurs limites.
Sachez que ces espaces arides vous surprendront par leurs ressources gourmandes, comme les fromages, dont le fameux roquefort fabriqué avec le lait des brebis et le bleu des Causses au lait de vache, la viande et les abats d'agneaux de qualité, et aussi des trésors noirs et or : truffe, miel, safran, et bien d'autres spécialités propres à chaque causse…

À l'ouest du département, isolé des autres, le causse de Villeneuve {que l'on appelle aussi le causse de Villefranche} est limité au nord-ouest par la vallée du Lot et bien marqué à l'est par la faille de Villefranche-de-Rouergue, ville carrefour entre causse et Ségala. De faible altitude {entre 200 et 400 m}, le climat est tout en douceur au pays des bastides. Depuis 1252, la place Notre-Dame accueille les marchés. Tous les jeudis, maraîchers, fermières, éleveurs vendent directement leurs productions, notamment des fromages de chèvre. Des salaisons et des charcuteries d'artisans réputés émoustilleront vos papilles. C'est un marché vivant à

Ci-contre : bleu des Causses, baies de genièvre.

l'ambiance très « sud-ouest ». L'hiver, qu'il pleuve ou qu'il vente, le marché au gras offre sur ses étals oies et canards pour préparer tranquillement chez vous de délicieux confits, foies gras, cous farcis... pour les jours de fête.

Le causse Comtal et le causse de Sévérac s'étirent au nord et à l'est de Rodez. Le causse Comtal {causse des comtes de Rodez} limité par le vallon de Marcillac à l'ouest, s'étend vers la forêt des Palanges et la ville de Laissac {un des plus grands marchés aux bestiaux de France} dans le prolongement du causse de Sévérac. De moyenne altitude {entre 500 et 982 m} le climat y est encore fort agréable. Ici, brebis et vaches aubrac se partagent les pâtures maigres parsemées de buis et de genévriers. Parfois, des parcelles de bocages et de cultures céréalières s'insèrent dans les deux causses. Les moines firent construire au Moyen Âge d'imposantes fermes entourées de plus de 300 ha de terres : c'était le fromental {le grenier à blé de l'Aveyron}. De nombreux châteaux et des « tours-grenier » pour stocker les céréales témoignent encore de l'importance des richesses agricoles des deux causses pendant les siècles passés.

Avec le haut Lévézou et son versant dénudé, les avant-causses descendent vers la vallée du Tarn et la ville de Millau : causse rouge, Rougier de Camarès, Saint-Affrique, Réquista et Roquefort-sur-Soulzon offrent des paysages aux couleurs contrastées, où les brebis règnent comme sur les Grands Causses. Ces derniers, au sud du département, englobent dans la partie aveyronnaise une petite surface du causse de Sauveterre, le Causse Noir et le causse du Larzac qui est le plus vaste avec ses 1 000 km2. Ils forment une succession de hauts plateaux impressionnants aux horizons lointains, entre 800 et plus de 1 000 m d'altitude, fracturés voici quelque 200 millions d'années. Malgré un climat tourmenté – pluie, vents, neige, fortes chaleurs et sécheresse – des éleveurs continuent d'y vivre, leurs troupeaux de brebis entretenant le paysage. Ces causses ont en commun des paysages très sauvages, fantasmagoriques, parfois bibliques. Sur le Causse Noir, des pins sombres accrochés à la pierre {d'où son nom} cohabitent avec d'étranges chaos rocheux, véritables citadelles de pierres ruiniformes creusées par l'érosion ; brebis et abeilles se partagent les landes de thym et de serpolet qui annoncent le Larzac.

C'est vers - 4 500 ans avant J.-C., au néolithique, qu'est apparue la civilisation des « Chasséens ». Ces hommes pratiquaient déjà le pastoralisme, brebis et chèvres, l'été sur les plateaux et l'hiver dans les grottes. De cette époque, on a retrouvé des fragments de faisselle servant à l'égouttage du caillé de fromage et des ossements de brebis, en particulier à Roquefort-sur-Soulzon lors de l'agrandissement souterrain de nouvelles caves pour l'affinage du fromage, au XIXe siècle. Tout indique que l'histoire du roquefort remonterait à celle de ces premiers hommes…

Le roquefort

Au pied du rocher du Combalou, on découvre Roquefort-sur-Soulzon, célèbre village classé « Site Remarquable du Goût » où est produit le fromage à pâte persillée, non pressée et non cuite, mondialement connu : le roquefort.
Cette identification relève d'une symbiose exceptionnelle entre le savoir-faire des hommes au fil du temps, la qualité d'un produit et la richesse d'un environnement unique par sa situation, au pied du légendaire rocher : cette alchimie d'activité volcanique, d'alternance entre glaciation et radoucissement de la température, a provoqué l'effondrement du plateau du Combalou sur 2 km de long et 300 m de large. Cet heureux accident géologique a fait la richesse du village : des cheminées naturelles, les fleurines, ventilent en permanence les cavités à une température constante {entre 8 °C et 10 °C} favorisant ainsi le développement du *Penicillium roqueforti*. On descend au plus profond d'un dédale de souterrains taillés par l'homme dans les parois rocheuses atteignant parfois 11 niveaux !
Depuis des siècles, le roquefort a séduit nombre d'empereurs et de rois, ce qui lui a valu le titre de « fromage des rois et roi des fromages ». Les Romains en appréciaient la saveur. En revenant de la guerre contre l'Espagne, l'empereur Charlemagne découvrit le roquefort au cours d'un dîner chez l'évêque d'Albi ; ne pouvant plus s'en passer, il pria ce dernier de lui faire parvenir deux charges de mulets de ce fromage pour chaque Noël – livraison peu facile à réaliser à l'époque ! Plus près de nous, Casanova le trouvait même aphrodisiaque !
En 1666, un arrêt du Parlement de Toulouse concède aux habitants de Roquefort-sur-Soulzon « le monopole de l'affinage du fromage tel qu'il est pratiqué de temps immémorial dans les grottes dudit village », les autres caves étant considérées, depuis, comme « bâtardes ».

La légende *du roquefort*

Il y a fort longtemps, un jeune pâtre, éperdument amoureux d'une bergère suivit sa belle… Il en oublia son repas fait de pain de seigle et de caillé de brebis, mis à l'abri dans une petite grotte fraîche du rocher du Combalou. Quelques jours plus tard, il découvrit tout surpris le fromage recouvert d'un léger duvet bleuté, le pain moisi l'ayant ensemencé ; par curiosité, il y goûta et se délecta de sa découverte. Ce mystérieux champignon, le *Penicillium roqueforti*, géniale moisissure, donnera son nom et ses belles veinures bleues au roquefort.

DEPUIS
1829

Jadis, les **bergers aveyronnais** soignaient leurs plaies avec le roquefort, contre l'avis médical de l'époque qui considérait cette pratique comme dangereuse et maléfique ! Bien avant la découverte inopinée de la pénicilline par Alexander Fleming en 1928 et l'exploitation dans les années 1940 du *Penicillium*.

À ce jour, 800 000 brebis, uniquement de race lacaune parfaitement adaptées à des conditions climatiques parfois rigoureuses, donnent chacune en moyenne 240 l de lait par an. Dans un rayon de 100 km, le ramassage du lait se fait de décembre à juillet, période de lactation des brebis. Il faut 12 l de lait cru de brebis pour chaque fromage.

Dans les laiteries, le lait est réchauffé puis caillé avec de la présure, le caillé est découpé puis brassé, on y ajoute le précieux champignon cultivé désormais en laboratoire pour la plupart des fabricants ; deux d'entre eux cultivent encore sur des miches de pain de seigle le *Penicillium roqueforti* qui est rigoureusement analysé et séché.

Avant l'affinage, on procède à la mise en moule, les « pains » font l'objet de soins minutieux, piqués, retournés plusieurs fois ils s'égouttent lentement sur les tables, ils sont alors marqués et salés à sec.

Dans la pénombre des caves de Roquefort exclusivement, avec 95 % d'humidité et une température constante de 10 °C grâce aux fleurines, les pains sont posés à nu sur des travées de bois de chêne pendant au moins 14 jours. Les fromages entameront ensuite leur lente maturation de 90 jours minimum et jusqu'à 150 jours. Sondés régulièrement, ils seront enveloppés d'une feuille d'étain par les cabaniers {ouvriers spécialisés travaillant dans les caves}, puis les maîtres affineurs moduleront les entrées de l'air pour réguler l'humidité et la température afin que les pains de roquefort révèlent leurs inimitables saveurs.

En 1925, le roquefort fut le premier fromage à bénéficier d'une Appellation d'Origine Roquefort Confirmée, complétée en 1996 par une AOP {Appellation d'Origine Protégée}, puis en 2001 le roquefort obtint l'AOC {Appellation d'Origine Contrôlée}. Le label « Brebis Rouge », qui est la marque collective des producteurs de lait et des industriels de Roquefort, certifie la qualité et l'authenticité dans plus de 80 pays.

Seuls 7 fabricants ont le droit de faire du fromage de roquefort. Tous très différents, selon le degré d'affinage, mais tous excellents : chacun gère secrètement et savamment le vent qui souffle dans les fleurines l'air frais ou humide jusqu'aux entrailles des grottes.
Le roquefort est un fromage onctueux à la texture fondante, au goût long en bouche : de la douceur pour certains, d'autres légèrement plus typés et piquants ; puis montée en puissance jusqu'à très fort en bouche laissant une saveur inoubliable et inimitable.
Demandez conseil à votre fromager et comparez par curiosité deux par deux les différents roqueforts. Conservez ce fromage toujours emballé dans du papier aluminium, au réfrigérateur, et n'oubliez pas de le sortir au minimum une heure avant le repas.
Un vin blanc naturellement doux, tel le gaillac doux, s'accorde parfaitement avec le roquefort. L'originalité de recettes salé-sucré est séduisante : la pâte de coing et quelques noix font un délicieux mariage, le raisin de Chasselas et les poires se prêteront à merveille à de nombreuses recettes. Une simple salade avec une vinaigrette au roquefort flattera votre palais. Pourquoi pas une crème fouettée au roquefort accompagnée de quelques bâtonnets de crudités ?

Les autres fromages des causses

Du causse de Sévérac, de Verrières, autour de Millau, vers Montredon {célèbre par José Bové}, à La Cavalerie et jusqu'à Nant au sud du Larzac, des éleveurs fabriquent de façon traditionnelle de très bons fromages au lait de brebis, beaucoup en agriculture biologique. Les différentes tommes, des Causses, des Raspes, et Marotte, délicieux pérails au lait cru, yaourts, caillé, glace au lait de brebis sont vendus sur les marchés et chez les bons fromagers.
Autrefois sur les causses, il existait de petites laiteries qui fabriquaient un fromage appelé « fromage bleu », mélange de lait de brebis et de lait de vache, ensemencé avec du Penicilium roqueforti, affiné dans des caves naturelles des causses ventilées par les fleurines. Ces caves sont dites « bâtardes » parce que situées en dehors du village de Roquefort-sur-Soulzon. Progressivement, pour se démarquer du roquefort, ce fromage persillé fut fabriqué exclusivement au lait de vache {de races aubrac, simmental et alpine}. Il a pris le nom de « bleu de l'Aveyron » et enfin de « bleu des Causses » en 1941. Il bénéficie d'une AOC {Appellation d'Origine Contrôlée} depuis 1953.
Ce fromage persillé, à croûte naturelle, est fabriqué à partir de lait entier de vache emprésuré à chaud, caillé et ensemencé au Penicilium roqueforti. Cette moisissure donne au bleu des Causses de beaux filaments bleutés, et les « pains » de fromage sont alors délicatement salés et piqués. L'affinage, qui dure 70 jours minimum, a lieu dans les caves dites « bâtardes » des Grands Causses, limitées à cinq cantons en Aveyron : Campagnac, Cornus, Peyreleau, Millau et Saint-Affrique. Par l'intermédiaire des fleurines, le vent souffle l'air frais et humide autour de 10 °C, indispensable à son affinage. Ainsi il parvient lentement à maturité et « la fleur » du fromage se développe lui donnant tous ses arômes.
Couleur ivoire, sa texture fondante, onctueuse dégage une saveur agréablement douce qui se fait plus ardente. Le bleu des Causses puise sa force de caractère dans les Grands Causses. Il est sur tous les plateaux de fromages et se prête parfaitement à de multiples recettes : pommes de terre au bleu des Causses, truite au bleu, omelettes, et l'on en fait rapidement de très bonnes sauces qui relèveront vos plats. À conserver dans une feuille de papier d'aluminium au réfrigérateur. Et, comme pour tous les fromages, le sortir une heure avant de le consommer.

Ci-contre : sur la tomme des Raspes, la Marotte.

Les pâtisseries

Sur les beaux marchés et dans les pâtisseries du sud de l'Aveyron, laissez-vous tenter par une flaûne ou flône {*flausona* en occitan}, tarte à pâte brisée nappée d'un mélange de recuite {petit lait de brebis recueilli à l'égouttage des fromages, puis chauffé lentement jusqu'à devenir une crème légèrement granuleuse}, d'œufs, de sucre et bien sûr d'eau de fleur d'oranger qui aromatisera ce dessert. La recuite peut être remplacée par de la brousse. Même sans faim, on goûtera au gatis, une brioche chaude aux deux fromages laguiole et roquefort. Les appétissantes gimblettes en forme d'anneaux parfumés à l'orange ou citron, préparées sur le même principe que les échaudés {une cuisson à l'eau bouillante puis une cuisson au four}, et les avelinettes, petits sablés à la noisette, sont deux des spécialités de la ville de Saint-Affrique {avec deux *ff*, refuge vers l'an 470 d'Affricanus, évêque de Comminges persécuté par les Wisigoths}. Son marché du samedi matin est particulièrement vivant.

Les trénels

Réquista {de l'occitan *ric estar* : riche lieu} a toujours été une ville carrefour entre Rodez et Albi. Depuis 1996, on y fête la brebis. Dans le premier canton moutonnier de France, on devait lui rendre gloire, avec une statue du sculpteur Yves Castel et par une grande fête de la brebis au mois de juin. N'oublions pas que l'Aveyron est le premier département moutonnier de France ! Un important marché ovin d'intérêt national a lieu tous les lundis matin, il se termine autour des bonnes tables de la ville : à la carte, de l'agneau, du roquefort et une autre spécialité, les trénels, à ne pas confondre avec les tripous du Ségala ! On les déguste souvent au petit-déjeuner, les jours de fête locale.

Les trénels sont confectionnés uniquement avec de la panse et de la tripe d'agneaux, longuement préparés, cousus et mitonnés avec ail, carottes et vin blanc.

Il existe une confrérie des « maîtres taste trénels » à Millau. Ils se réunissent tous les ans afin de perpétuer l'art et la manière de les préparer.

L'agneau fermier

Sur les plateaux les plus désertiques, les éleveurs traditionnels de brebis sont souvent regroupés dans des hameaux aux belles maisons où règne le minéral. Ici, pas de charpente en bois ni de poutres, mais des voûtes en pierre. Les toitures en véritable lauze de calcaire font toujours partie intégrante du paysage des Grands Causses, et certaines sont bâties en toits citernes afin de récupérer l'eau si précieuse. Dans les causses, les dolines, larges cuvettes qui permettent aux paysans quelques maigres cultures, sont unphénomène naturel dû à la pluie, au vent et au gel, rongeant la surface calcaire et libèrant des particules d'argile qui retiennent l'eau. Elles se transforment en lavogne, quand on en colmate bien le fond avec de l'argile pour en faire une réserve d'eau aux abords soigneusement empierrés afin de faciliter l'accès aux brebis qui viennent s'abreuver.

L'Agneau Fermier de l'Aveyron est un agneau de grande qualité, né et élevé par des artisans éleveurs. Cette filière sérieuse a obtenu l'IGP {Indication Géographique Protégée} et le Label rouge depuis 1993.

Cet agneau est le fruit du croisement entre des béliers choisis parmi les meilleurs reproducteurs et des brebis robustes et rustiques reconnues pour leurs excellentes qualités maternelles, comme la brebis de race lacaune.
Une filière : l'agneau fermier « Lou Paillol » {Label rouge depuis 1994}, l'agneau âgé de 5 mois a été nourri au lait de sa mère 70 jours minimum, puis avec un complément de céréales.
Autre filière, l'« Agneau laiton » : cet agneau est d'abord nourri exclusivement au lait de sa mère qui, elle, est conduite dans la journée dans les pâturages et donne ainsi un lait enrichi de saveurs florales. Au cours du troisième et dernier mois d'élevage, l'agneau laiton {Label rouge depuis 1993} bénéficie d'une alimentation complémentaire à base de céréales rigoureusement contrôlées. Vous trouverez cette viande à la chair délicate dans les meilleures boucheries sous l'appellation « Laiton Label rouge ».
Le nec plus ultra, produit gastronomique d'exception, est une sélection des meilleurs agneaux Laiton : le triple A « Agneau Allaiton Aveyron » ; tendreté exceptionnelle, saveur incomparable, on le trouve sur les plus grandes tables des restaurants, et les particuliers peuvent le commander en ligne. Nicole Fagegaltier cuisine cette viande succulente et tendre à la saveur inégalée, qui se déguste rosée.

L'agneau en cuisine

La viande d'agneau est un mets toujours raffiné, quoi de mieux qu'un gigot pour un repas convivial ? Qu'il soit rôti, en croûte, confit, sa chair est toujours délicate. Carré, selle, épaule, côtelettes, ris et cervelle… la viande d'agneau mérite un peu d'attention : respectez les temps de cuisson pour garder le fondant à cette viande.

Le flambadou

Au cours de votre balade aveyronnaise, on pourra vous proposer du gigot à la broche flambé grâce au flambadou : sorte d'entonnoir profond en fer à long manche que l'on chauffe à la braise et dans lequel on glisse un morceau de lard qui, en fondant, s'enflamme et dont on arrosera de temps à autre le gigot. Vous pouvez vous servir du flambadou lors de cuisson à la broche de bien d'autres viandes : porcelet, lièvre, cuissot de sanglier…

Fleurs et parfums des causses

Sur les Grands Causses, la végétation, au premier abord austère, est cependant, avec celle d'Aubrac, l'une des plus riches de France. Cette richesse florale insoupçonnable provient de la rencontre des climats montagnard et méditerranéen et du relief accidenté de ces grands espaces. On préservera la belle cardabelle {*Carlina acanthifolia*}, emblème des causses, tout en se souvenant qu'autrefois on en mangeait le fond comme un artichaut ; ce gros chardon-baromètre qui s'entrouvre selon le degré d'humidité de l'air a été malheureusement trop cueilli. Attention, espèce protégée !

De la vallée du Lot jusqu'au Larzac, des apiculteurs se sont associés pour défendre l'authenticité de leurs produits : miel, vinaigre de miel, pain d'épice aux amandes, au gingembre, au citron ou aux noix, et de délicieuses madeleines et autres sucreries. Les miels des causses révèlent toutes la gamme des saveurs de la végétation mellifère : origan, astragale de Montpellier, luzerne, anthyllide des montagnes…

Depuis 20 ans, en bordure du Larzac, des cultivateurs pratiquent la culture biologique des plantes aromatiques. Dans ce paysage magnifique, face au mont Aigoual, s'épanouissent : thym, estragon, hysope, sarriette, lavande, origan, iris de Florence – pour son arôme de violette, issu de sa racine –, églantier *Rosa rugosa* – pour ses fruits –, sans omettre les plantes sauvages. Leurs essences se retrouvent dans des vinaigres de vin blanc aromatisés et dans de nombreux sachets d'herbes.

Des alambics sont extraits une liqueur d'églantine et un pastis des causses, sans colorant, élaboré à partir d'une quinzaine de plantes : fenouil, réglisse, thym, romarin, etc., qui vous rafraîchira par une belle journée d'été. À consommer avec modération bien sûr !
Sur ces plateaux arides, genévriers et buis parfois centenaires résistent à tous les écarts de température. En automne, on cueille les baies de genièvre dont le parfum doux et amer fait merveille dans les sauces et les marinades. Elles sont si parfumées qu'il faut les utiliser avec parcimonie, légèrement écrasées et, autant que possible bien fraîches. Les grives en raffolent, pas de problème, il y en a pour tout le monde !
Nicole Fagegaltier, avec talent, utilise souvent l'huile de genièvre en accompagnement de polenta ou de purée. Le goût est puissant mais très agréable en bouche. Pour la confectionner, il suffit d'un joli flacon, de quelques baies concassées et d'une huile neutre, par exemple aux pépins de raisin.
Dans une jolie boutique de Rodez, un artisan du fruit propose une étonnante confiture de « groseille-genièvre des causses » où l'acidité de la groseille relève le goût amer et subtilement résineux du genièvre.

La pascade {*pascada* en occitan} est un plat aveyronnais traditionnel qui peut être salé ou sucré. La base en est invariablement du lait, avec peu d'œufs et beaucoup de farine. Autrefois, accompagnée d'une salade, elle revenait souvent sur les tables tenant lieu frugalement de repas du soir. Chaque cuisinière, selon son inspiration, peut agrémenter sa pascade d'herbes qu'elle aura sous la main, comme quelques feuilles de blette {sauvage du jardin qui résiste si bien à la chaleur de l'été du causse}, de lard, d'oignons rissolés ou de pommes pour un dessert. Vite faite, cuite à la poêle ou au four, la pascade est facile à improviser. On fera de même pour les pascadous, plus petits, et que l'on prend alors avec les doigts.

Nicole Fagegaltier garde un merveilleux souvenir des pascades sucrées de sa mère, joliment gonflées dont l'odeur inoubliable s'exhalait du four à pain {voir recettes de ses pascades salées pages 137 et 145}.

Le safran

Sur les causses de Villeneuve et du Larzac, une épice en or revient en territoire connu : le safran. Originaire d'Orient et utilisé depuis l'Antiquité pour ses vertus culinaires, colorantes et médicinales, il serait un antidépresseur {de luxe}. Considéré comme aphrodisiaque, on le trouve dans la mythologie grecque : Zeus ne dormait-il pas dans un lit de safran ?
Parvenus en France avec les Croisés, ces précieux bulbes furent cultivés couramment en Aveyron du XIVe jusqu'à la fin du XVIIIe siècle. Ainsi, le *mortairòl* était autrefois un pot-au-feu nourrissant avec un bouillon dégraissé auquel on ajoutait une pincée de safran.
Depuis quelques années, cette culture délicate a repris vie dans la région. Le safran aime les étés chauds et un peu de fraîcheur à l'automne pour fleurir. Début octobre, par une belle matinée ensoleillée, on récolte à la main les précieuses fleurs ; chacune d'elle possède trois stigmates, il faut compter au moins 150 fleurs pour obtenir 1 g de stigmates {ou filaments} de safran ! Et il faut faire vite entre la récolte et l'émondage, car son parfum s'évanouit rapidement. Les stigmates sont alors séchés et perdent beaucoup de poids, ce qui explique le prix élevé. Mais avec une seule pincée de safran, vous transformerez un plat {poisson, riz, sauce, omelette ou dessert} avec exquisité. Le safran doit infuser 10 minutes minimum dans un liquide chaud pour libérer ses saveurs.
Attention, ne vous livrez pas à la cueillette sauvage : ce joli crocus bleu-violet, *Crocus sativus*, ne doit pas être confondu avec le *Colchicum autumnale*, plante vénéneuse qui lui ressemble.

Le babissou

En attendant les truffes, pour accompagner votre gigot, partez par une belle matinée d'automne, lorsque les brumes se dissipent, dans les vastes pâturages à brebis ; avec un peu de patience et l'autorisation du propriétaire, vous aurez peut-être la chance de récolter des « babissous » ou « oreillettes ». Ce petit champignon en forme de petite oreille, aussi nommé pleurote du panicaut, parasite la racine du chardon panicaut {joli chardon sur les causses au printemps}. Son goût est délicat, il se mange très frais et simplement poêlé avec une pointe de persil.

La truffe

En Aveyron, les pommes de terre portent souvent le nom de truffe, mais une truffe peut ici en cacher une autre. En effet, on ne sait pas toujours qu'en 1860 il a été récolté 40 tonnes de truffes sauvages en Aveyron ! Nous parlons ici de la véritable truffe noire, *Tuber melanosporum*, la plus goûteuse de toutes les variétés. Ce champignon souterrain au commerce encore plus souterrain ne connaît pas de crise, et pourtant en Aveyron les plantations – plus particulièrement celles de chênes verts et de noisetiers qui permettent le développement de la truffe – sont à ce jour encore timides {175 adhérents} par rapport au Lot voisin qui a su planter sur les terrains viticoles après la terrible maladie du phylloxéra. Cependant, en Aveyron, la culture progresse tous les ans. Ses terrains calcaires lui sont bien adaptés, il faut seulement à la truffe de la douceur, dans une vallée par exemple, à l'abri des fortes gelées. Il est impossible de situer les lieux de récolte du précieux champignon qui sont privés et secrets, mais c'est paraît-il, sur les causses de Villeneuve, du Larzac et du Comtal que la truffe se plairait. Sans une bonne observation des mouches, d'un chien ou d'un cochon dressé, n'espérez pas la suprême découverte !

Dès le mois de décembre et jusqu'en mars, sur les marchés de Villefranche-de-Rouergue, de Millau et de Rodez, chacun peut choisir son diamant noir !
La principale qualité de la truffe, en dehors de sa chair impossible à confondre avec celle d'un autre champignon, c'est la puissance de son parfum. Mettez quelques œufs dans un bocal avec une truffe, vous en aurez toute la saveur dans votre omelette et de surcroît vous pourrez la cuisiner dans une autre recette !
Avant de retourner votre terrain, vous pouvez visiter la Maison de la Truffe, au cœur du village de Comprégnac dans la vallée du Tarn : on vous renseignera sur les sols qui lui sont favorables, sur les différentes espèces d'arbres à planter et sa culture.
On dit que la truffe naît à la fleur de blé en mai et entre les deux fêtes de la Vierge : 15 août et 8 septembre, elle aime les orages. Ce qui ne doit pas plaire aux viticulteurs !

La bière des Causses

Sur le versant sud-ouest du Larzac à Saint-Beaulize, dans un cadre préservé, une bière caussenarde blanche ou ambrée est fabriquée et vendue depuis peu ; c'est une bière sur lie re-fermentée en bouteille.

Une tomate cœur de bœuf,
confite au four, sorbet basilic cannelle, caillé de brebis

POUR 4 PERSONNES • PRÉPARATION : 1 HEURE + TEMPS DE CUISSON DES TOMATES CONFITES : 2 HEURES
MATÉRIEL : 1 SORBETIÈRE + 4 CERCLES (DE 6,5 CM DE DIAMÈTRE ET DE 8 CM DE HAUT, SI POSSIBLE)

❧ **POUR LES TOMATES CONFITES** 1 citron / 4 tomates cœur de bœuf (de préférence) de 200 à 250 g chacune / 4 cuillerées à soupe d'huile d'olive / sel et poivre ❧ 100 g de caillé de brebis / 1 pâte feuilletée de 125 g ❧ **SORBET** 35 cl d'eau / 25 g de sucre / 100 g de glucose / ½ citron / 15 g de basilic cannelle frais (si vous ne trouvez pas de basilic cannelle, renforcez le goût de votre basilic avec de la cannelle en poudre) / 1 pincée de cannelle en poudre ❧ **TAPENADE** 100 g d'olives noires dénoyautées / 1 filet d'anchois / facultatif : quelques câpres et ½ gousse d'ail

❧ *Les tomates confites*
Prélever les zestes du citron et en presser le jus. Faire bouillir de l'eau dans une casserole, préparer un récipient d'eau froide. Enlever le pédoncule des tomates et faire une incision en croix à l'opposé, tremper les tomates dans l'eau bouillante quelques secondes puis dans l'eau froide, les peler, les ranger entières dans un plat allant au four, saler, poivrer, verser dessus l'huile, le jus de citron et répartir les zestes. Couvrir d'un papier sulfurisé et cuire au four à 120 °C (th. 4) 2 heures. Puis, débarrasser sur une plaque perforée et laisser égoutter au moins 2 heures.

❧ *Le sorbet*
Faire bouillir l'eau, le sucre, le glucose, le jus de citron, laisser refroidir, ajouter le basilic et la cannelle, mixer et filtrer, turbiner selon le temps indiqué sur votre sorbetière.

Fouetter le caillé de brebis, assaisonner de sel et de poivre.

❧ *La tapenade*
Broyer tous les ingrédients de la tapenade dans un mixeur.

Étaler la pâte feuilletée, la piquer avec une fourchette, à l'aide d'un emporte-pièce détailler 4 cercles de 8 cm de diamètre. Déposer sur une plaque du four couverte d'un papier sulfurisé et cuire au four à 180 °C (th. 6) 15 minutes environ.

❧ *Pour servir*
Mettre la tomate confite dans un cercle de 6,5 cm de diamètre, la tasser, enfourner à 120 °C (th. 4) pendant 15 minutes.
Pendant ce temps, tartiner les cercles de pâte feuilletée de tapenade. Retourner la pâte tartinée sur le cercle de tomate tiède et retourner la tarte, enlever le cercle. Déposer dessus une quenelle de caillé de brebis et une feuille de basilic pour le décor.
Poser la tarte au centre d'une assiette plate ronde, servir le sorbet au basilic à part dans un verre ou une coupelle.

CONSEIL ❧ *On peut prévoir de faire la cuisson des tomates la veille ainsi que le sorbet.*

Ris d'agneau poêlés aux pois gourmands et aux girolles, bouillon mousseux aux pluches de coriandre

POUR 4 PERSONNES • PRÉPARATION : 30 MINUTES • MATÉRIEL : 1 ROBOT {OU 1 BLENDER}

POUR LES RIS D'AGNEAU 500 g de ris d'agneau / huile / 60 g de beurre / sel et poivre 200 g de pois gourmands / 200 g de petites girolles **POUR LA CORIANDRE** 15 g de coriandre fraîche / 1 jaune d'œuf / 40 g de bouillon de légumes {ou à défaut utiliser de l'eau} / 40 g d'huile de pépins de raisin / sel et poivre

Les ris d'agneau

Trier les ris : enlever les parties graisseuses et les membranes. Les blanchir quelques instants {les mettre dans de l'eau froide, porter à ébullition et maintenir cette ébullition 3 minutes}.

Équeuter les pois gourmands, les cuire 3 minutes dans de l'eau bouillante salée puis les rafraîchir aussitôt. Nettoyer les girolles : les laver très rapidement à l'eau froide. Les couper si nécessaire. Garder au frais.

La coriandre

Mettre tous les ingrédients dans le bol d'un mixeur ou d'un blender, mixer et rectifier l'assaisonnement.

Dans une poêle à feu vif, cuire les ris d'agneau entiers avec de l'huile bien chaude pendant10 minutes. Il est important que les ris prennent une jolie couleur dorée. Pour obtenir cette couleur, ajouter le beurre en fin de cuisson. Les ris doivent être moelleux à l'intérieur et croustillants à l'extérieur.
Faire cuire rapidement les petites girolles dans une poêle à feu vif avec de l'huile chaude, assaisonner. Dans une casserole à feu doux, chauffer les fpois gourmands avec un peu d'eau et de beurre.

Pour servir

Répartir un peu de bouillon à la coriandre chaud dans des assiettes chaudes, disposer les ris d'agneau, agrémenter avec les girolles et les pois gourmands.

CONSEIL *Si les ris d'agneau sont très frais, il n'est pas nécessaire de les blanchir.*

Foie de canard grillé, rhubarbe aux épices douces, un caramel de miel du Causse acidulé

POUR 4 PERSONNES • PRÉPARATION : 30 MINUTES

❧ **POUR LE FOIE GRAS** 1 gros lobe de foie de canard / farine {facultatif} / sel et poivre ❧ 200 g d'épinards / 50 g de beurre / sel et poivre ❧ **POUR LE CARAMEL** 60 g de miel toutes fleurs / le jus de 2 citrons ❧ **POUR LA RHUBARBE ET ÉPICES DOUCES** 4 tiges de rhubarbe / 50 g de beurre / 25 g de sucre / ½ cuillerée à café de cannelle en poudre / ½ cuillerée à café de coriandre en poudre / ½ cuillerée à café d'anis en poudre

❧ *Le caramel*

Dans une casserole à feu doux, chauffer le miel, le cuire jusqu'à une couleur caramel, ajouter le jus de citron pour arrêter la cuisson et faire réduire.

❧ *Le foie gras*

Tailler les tranches épaisses {1,5 à 2 cm d'épaisseur} de foie de canard, les fariner légèrement. les réserver au frais.

❧ *La rhubarbe*

Dans la partie la plus épaisse de la rhubarbe, détailler des tronçons de 12 cm de long. Les couper en 2 ou 3 dans le sens de l'épaisseur. Prévoir 4 tranches par personne.
Dans une poêle antiadhésive, faire fondre du beurre et cuire les tiges de rhubarbe 2 à 3 minutes sur chaque face. Saupoudrer de poudre d'épices et de sucre suivant votre goût. Réserver au chaud.

Équeuter, trier et laver les épinards. Faire fondre le beurre dans une casserole à feu doux, ajouter les épinards et cuire 1 minute. Assaisonner.

Chauffer à feu doux une poêle antiadhésive avec très peu de matière grasse, cuire les tranches de foie assaisonnées 2 à 3 minutes sur chaque face. Garder au chaud.

❧ *Pour servir*

Tracer des traits de caramel miel-citron dans les assiettes, croiser les tranches de rhubarbe dessus, déposer les morceaux de foie gras et saupoudrer de fleur de sel, mettre les feuilles d'épinard à côté du foie gras.

CONSEIL ❧ *Tailler les tranches de foie dans le gros lobe. Réserver le petit lobe pour une terrine de foie mi-cuit.*

Pascade aux herbes

Chaque cuisinière, selon son inspiration, agrémentera la pascade des herbes qu'elle aura sous la main, de lard, d'oignons rissolés, ou de pommes pour la pascade sucrée. Vite faite, cuite à la poêle ou au four, la pascade est facile à réaliser. Vous pourrez cuisiner de la même manière des pascadous, plus petits, que l'on mangera à la main.

POUR 4 PERSONNES • PRÉPARATION : 10 MINUTES

2 œufs / 60 g de farine / 20 cl de lait / herbes {persil, ciboulette, cerfeuil, feuilles de pissenlits ou de blettes, etc.} / huile pour la poêle / sel

Battre énergiquement au fouet les œufs et la farine, ajouter le lait, le sel et les herbes hachées. Verser dans une poêle chaude légèrement huilée et cuire quelques instants à feu doux, puis la retourner et cuire l'autre face.

CONSEIL ❧ *Elle peut être servie telle quelle ou bien roulée et découpée en rondelles pour un apéritif : prendre une feuille de film alimentaire, pousser et rouler la pascade encore chaude {attention à ne pas vous brûler !} avec le film alimentaire qui l'enrobera entièrement. Laisser reposer quelques instants, enlever le film avant de couper votre pascade en rondelles. Servir tiède ou frais avec des piques à apéritif.*

Tarte aux noix et au roquefort

POUR 4 PERSONNES • PRÉPARATION : 50 MINUTES • MATÉRIEL : UN MOULE À TARTE {DE 24 CM DE DIAMÈTRE, SI POSSIBLE}

POUR LA PÂTE BRISÉE 200 g de farine / 100 g de beurre froid / 1 jaune d'œuf / 1 pincée de sel **CRÈME DE NOIX ET DE ROQUEFORT** 200 g de roquefort / 120 g de noix / 100 g de crème fleurette / 6 œufs

La pâte brisée

Dans un robot, mélanger la farine, le beurre coupé en petits morceaux et le sel, ajouter le jaune d'œuf et 4 cl d'eau, mettre en boule, laisser reposer au frais 15 minutes.

Étaler la pâte à l'aide d'un rouleau sur une épaisseur de 4 à 5 mm, mettre la pâte dans le moule, piquer à l'aide d'une fourchette, recouvrir d'une feuille papier sulfurisé et disposer dessus des haricots en grains pour éviter le développement et le rétrécissement de la pâte. Enfourner à 160 °C {th. 5-6} pendant 15 minutes. Laisser refroidir, ôter les haricots et le papier sulfurisé.

La crème de noix et roquefort

Dans le robot, mixer énergiquement pendant 5 minutes le roquefort, les noix, la crème et 4 jaunes d'œufs. Monter les 6 blancs en neige. Au dernier moment, incorporer délicatement avec une spatule les blancs à la préparation au roquefort. Verser sur le fond de pâte précuit. Enfourner 20 minutes à 180 °C {th. 6}. Vérifier la cuisson avec la pointe d'un couteau qui doit ressortir sec.

Pour servir

Présenter aussitôt telle quelle ou avec une salade.

CONSEIL *Servir avec une salade de mâche, d'endives ou de roquette, assaisonnée avec une bonne huile de noix artisanale.*

Pigeons en croûte de cèpes secs et d'ail,
confit d'oignons au genièvre et au parfum de réglisse, polenta à la tome fraîche de Laguiole

POUR 4 PERSONNES • PRÉPARATION : 2 HEURES

❧ **POUR LES PIGEONS** 2 beaux pigeons de 500 g / 2 bardes de lard / sel et poivre ❧ quelques feuilles de blettes cuites ❧ **POUR LA CROÛTE DE CÈPES SECS** 4 ou 5 gousses d'ail / 25 g de beurre / 25 g de cassonade / 1 cuillerée à café de farine / 10 g de cèpes séchés / 25 g de crème / 50 g de noisettes concassées ❧ **POUR LE CONFIT D'OIGNONS** 2 oignons doux émincés / 25 g de beurre / 3 zestes d'une longueur d'orange / 2 baies de genièvre concassées / 1 pincée de réglisse en poudre / sel ❧ **POUR LA POLENTA** 50 cl de lait / 40 g de beurre / 70 g de tome fraîche de Laguiole en dés / 140 g de semoule de maïs à cuisson rapide / 2 jaunes d'œufs / sel et poivre

❧ *La croûte de cèpes*

Cuire l'ail dans une casserole avec de l'eau. Faire fondre à feu doux le beurre, la crème, le sucre et la farine. Mixer les cèpes en poudre, ajouter l'ail et mixer de nouveau, ajouter aux autres ingrédients. Faire cuire cette pâte au four sur une plaque 20 minutes à 160 °C {th. 5-6}, remuer de temps en temps. Laisser sécher et mixer.

❧ *Le confit d'oignons*

Dans une casserole à feu doux, faire fondre les oignons dans le beurre, ajouter les zestes et confire à couvert, remuer régulirement. Lorsque les oignons sont fondus, incorporer les baies de genièvre et la réglisse. Vérifier l'assaisonnement.

❧ *La polenta*

Dans une casserole, faire bouillir le lait, le beurre, le sel et le poivre. Hors du feu, ajouter le Laguiole, porter de nouveau à ébullition et verser la semoule en pluie. Faire cuire 5 minutes sur feu doux en remuant, l'ensemble doit être compact, ajouter les jaunes, mélanger et verser dans un plat huilé. Lorsque la polenta est froide, la découper en cubes et la faire frire dans une friteuse. Garder au chaud.

❧ *Les pigeons*

Flamber et vider les pigeons. Saler et poivrer, les enrober de lard et les ficeler.Les saisir à feu vif pour leur donner une couleur dorée, et finir la cuisson 30 minutes minimum au four à 100 °C {th. 3-4}, les filets doivent être rosés. Enlever les pigeons et les laisser reposer au chaud.Enlever le graisse du plat de cuisson, verser 10 cl d'eau, réduire, filtrer et réserver ce jus.Déficeler et découper les pigeons en deux. Saupoudrer les demi-pigeons de croûte de cèpes.

❧ *Pour servir*

Sur chaque assiette, répartir le confit d'oignons, disposer le demi-pigeon avec la croûte de cèpes, répartir les feuilles de blettes préalablement chauffées avec du beurre et un peu d'eau, poser les cubes de polenta et le jus autour.

CONSEIL ❧ *Préparez la croûte de cèpes secs la veille.*

Côtes d'agneau Allaiton saupoudrées de chapelure ail et basilic, petits pâtissons farcis

POUR 4 PERSONNES • PRÉPARATION : 45 MINUTES • MATÉRIEL : 1 ROBOT

❧ **POUR LES CÔTES D'AGNEAU** 1 tomate bien mûre / 8 côtes d'agneau / huile / 3 feuilles de basilic / sel et poivre ❧ **POUR LA FARCE** 150 g de feuilles de blette, persil, roquette / 50 g d'échalotes / 25 g de jambon de pays / 60 g de mie de pain / 5 cl de lait / beurre / 1 œuf ❧ **POUR LES PÂTISSONS** 8 pâtissons de 70 à 100 g / beurre / sel ❧ **POUR LA CHAPELURE** 1 gousse d'ail / 20 g de basilic / 50 g de chapelure

❧ *La farce*

Trier, laver et plonger les herbes dans de l'eau bouillante, les refroidir, les émincer grossièrement, bien essorer. Faire légèrement colorer dans de l'huile à feu doux les échalotes émincées et le jambon coupé finement. Rassembler dans le robot, les herbes, le pain trempé dans le lait, l'œuf, le mélange échalotes et jambon, mixer grossièrement.

❧ *Les pâtissons*

Dans une grande quantité d'eau bouillante salée, cuire environ 8 à 10 minutes les pâtissons entiers {les garder fermes}, refroidir dans de l'eau glacée. Découper les pâtissons aux deux tiers vers le haut, garder les chapeaux, les évider et les garnir de farce, recouvrir avec les chapeaux, les ranger dans un plat à gratin généreusement beurré, ajouter un demi-verre d'eau, couvrir d'une feuille de papier d'aluminium, cuire 15 minutes à 150 °C {th. 5}.

❧ *La chapelure*

Éplucher la gousse d'ail, effeuiller le basilic, mixer dans le robot. Ajouter la chapelure, mixer encore.

❧ *Les côtes d'agneau*

Faire une incision sur la tomate, la tremper 5 secondes dans de l'eau bouillante, puis dans de l'eau fraîche. Enlever la peau. Épépiner et couper en dés.

Dans une poêle antiadhésive bien chaude, verser 2 cuillerées à soupe d'huile, déposer les côtes d'agneau : elles doivent être saisies rapidement des deux côtés et rester rosées. Garder au chaud. Verser les dés de tomates dans la poêle de cuisson, bien détacher les sucs, réduire {on doit obtenir une tomate concassée}, ajouter les feuilles de basilic ciselées, assaisonner.

❧ *Au dernier moment*

Saupoudrer généreusement les côtes de chapelure.

❧ *Pour servir*

Répartir la concassée de tomate sur 4 assiettes chaudes, déposer les côtes d'agneau dessus et placer les pâtissons à côté.

❧

Pavé de gigot d'agneau Allaiton rôti à la sauge,

une rissole de ris et de cèpes, petits navets

POUR 4 PERSONNES • PRÉPARATION : 2 HEURES • MATÉRIEL : 1 EMPORTE-PIÈCE {DE 12 CM DE DIAMÈTRE, SI POSSIBLE}

❧ **POUR LE GIGOT D'AGNEAU** 1 crépine de porc / 600 g de gigot d'agneau désossé et taillé en 4 morceaux épais / huile / beurre / fleur de sel / sel et poivre ❧ 4 petits navets / 200 g d'épinards / beurre / sel ❧ **POUR LES RISSOLES** 150 g de cèpes émincés / 150 g de ris d'agneau dénervés / 200 g de pâte feuilletée / 1 jaune d'œuf pour la dorure / 4 feuilles de sauge / huile / sel et poivre ❧ **POUR LE COULIS DE SAUGE** 30 g d'épinards / 10 feuilles de sauge / 2 cl d'huile de pépins de raisin / 3 cl d'eau

❧ *Les rissoles*

Faire sauter sur feu vif successivement dans une poêle antiadhésive huilée les cèpes et les ris d'agneau, assaisonner. Rassembler les ris et les cèpes et les hacher grossièrement. Étaler la pâte feuilletée et avec un emporte-pièce découper 4 disques. Répartir le mélange ris et cèpes sur les disques de pâte, dorer avec le jaune d'œuf le pourtour des cercles et les replier sur eux-mêmes de manière à obtenir des rissoles {chaussons}, bien souder. Dorer au jaune d'œuf les rissoles, coller une feuille de sauge dessus. Cuire les rissoles dans le four à 170 °C {th. 5-6} 15 à 20 minutes.

❧ *Le gigot d'agneau*

Rouler dans la crépine les pavés d'agneau et les ficeler {ainsi ficelés, ils auront une plus jolie forme}. Dans une sauteuse huilée et beurrée sur feu vif, saisir les pavés assaisonnés sur toutes les faces. Finir la cuisson au four 15 minutes à 120 °C {th. 4} puis laisser reposer la viande au chaud dans un endroit tiède de manière à ce qu'elle se détende.

Pendant ce temps, éplucher et couper en quartier les navets, les cuire à grande eau bouillante salée quelques minutes. Rafraîchir à l'eau froide. Trier et laver les épinards.

❧ *Le coulis de sauge*

Tremper quelques secondes les épinards dans de l'eau bouillante puis dans de l'eau froide, égoutter. À l'aide d'un mixeur, mixer tous les ingrédients jusqu'à obtention d'un coulis très lisse. Assaisonner.

❧ *Au dernier moment*

Chauffer les navets avec un peu d'eau et de beurre, assaisonner. Faire fondre du beurre, ajouter les épinards, remuer quelques instants, assaisonner.

❧ *Pour servir*

Dans les assiettes chaudes, présenter les pavés coupés en deux, déposer dessus un peu de fleur de sel, verser une cuillerée à soupe de coulis, poser à côté la rissole, les navets et les épinards.

CONSEIL ❧ *Faire tailler les pavés de gigot par votre boucher. Vous pouvez aussi faire des rissoles pour un apéritif.*

Pascade au lard et aux pissenlits,
ris d'agneau sautés et vinaigrette au jus de truffes

POUR 4 PERSONNES • PRÉPARATION : 1 H 30

❧ **POUR LES RIS D'AGNEAU** 600 g de ris d'agneau dénervés très frais / 50 g de beurre / huile ❧ 100 g de lard gras / 4 petits navets nouveaux / 4 petits oignons nouveaux / 150 g de pissenlits ❧ **POUR LA VINAIGRETTE AU JUS TRUFFES** 6 cuillerées à soupe d'huile de pépins de raisins / 30 g de brisures de truffes avec son jus / 1 cuillerée à soupe de vinaigre de vin / sel et poivre ❧ **POUR LA PASCADE** 2 œufs / 60 g de farine / 20 cl de lait / 2 cuillerées à soupe de persil haché / 2 cuillerées à soupe de ciboulette ciselée / 2 cuillerées à soupe de pissenlits effeuillés / sel

❧ *Vinaigrette au jus de truffes*

Dissoudre le sel dans le vinaigre, ajouter l'huile, les brisures et le jus de truffes, poivrer. Couvrir hermétiquement et réserver au réfrigérateur.

Éplucher les navets, les tailler en fines lamelles à l'aide d'une mandoline. Cuire à grande eau bouillante salée 1 minute, rafraîchir. Nettoyer les oignons nouveaux et les couper en 2 ou en 4 suivant leur grosseur. Les cuire à grande eau bouillante salée quelques minutes, rafraîchir. Nettoyer les pissenlits, bien les laver, les effeuiller.

Couper le lard gras en petits bâtonnets. Les faire fondre dans une casserole avec un peu d'eau. Ils doivent rendre toute leur graisse et prendre une belle couleur dorée. Bien les égoutter.

❧ *Les ris d'agneau*

Dans une grande poêle, faire chauffer de l'huile à feu vif et déposer les ris d'agneau, éviter qu'ils ne se chevauchent et au bout de quelques minutes les retourner, les assaisonner, ajouter 50 g de beurre pour qu'ils prennent une belle couleur dorée.

❧ *La pascade*

Fouetter énergiquement les œufs et la farine, ajouter le lait, les herbes, saler. Dans la poêle à crêpes huilée, verser la pâte à pascade. Contrairement à une crêpe, la pascade doit être épaisse. Cuire sur feu doux {sans laisser brûler} sur une face puis retourner, terminer la cuisson.

❧ *Au dernier moment*

Réchauffer les navets avec du beurre et de l'eau, poêler rapidement les oignons.

❧ *Pour servir*

Sur un plat rond déposer la pascade, disposer harmonieusement les ris, les lardons, les navets et les oignons finir par les pissenlits, arroser de vinaigrette au jus de truffes.

CONSEIL ❧ *Préparez la vinaigrette plusieurs jours à l'avance, elle sera davantage parfumée. À défaut de pissenlits, utilisez de la roquette.*

Poitrine de perdreau rissolé,
farsou aux herbes, son jus aux fruits d'automne, quinoa aux raisins secs et aux châtaignes

POUR 4 PERSONNES • PRÉPARATION : 1 H 30

❧ **POUR LES PERDREAUX** 2 perdreaux d'environ 500 g, plumés et vidés / 2 bardes de lard / sel et poivre ❧ quelques feuilles de chou vert ❧ **POUR LE JUS** 50 g de dés de pomme / 50 g de dés de coings cuits / 1 carotte en morceaux / 1 oignon en morceaux / 1 gousse d'ail épluchée et entière / quelques os de volaille / 1 bouquet garni / 2 cuillerées à soupe d'huile / thym / huile de pépins de raisin ❧ **POUR LES FARSOUS** 150 g de blancs de volaille en dés / 50 g de persil / 50 g de vert de blettes / 50 g d'épinards / 50 g de mie de pain / 50 g de crème / 1 œuf / ½ gousse d'ail / sel et poivre ❧ **POUR LE QUINOA** 100 g de quinoa / 40 g de châtaignes cuites / 10 g de raisins secs gonflés dans de l'eau tiède / 2 cuillerées à soupe de crème fouettée / sel

❧ *Le jus*

Dans un ravier, mélanger les pommes, les coings, le thym, l'ail et ajouter l'huile de pépins de raisin aux 3/4. Concasser les os, les faire colorer avec de l'huile à feu vif, ajouter la garniture aromatique {carotte, oignon} et le bouquet garni, continuer la coloration, verser de l'eau à hauteur et cuire 30 minutes à frémissement, filtrer, dégraisser, faire réduire si besoin, réserver.

❧ *Les farsous*

Saisir vivement la volaille dans une poêle huilée, laisser refroidir. Trier le persil, la blette et les épinards, les laver, les essorer. Mettre la mie de pain dans la crème. Mixer le tout avec l'œuf et l'ail afin d'obtenir une farce liée, assaisonner.

❧ *Les perdreaux*

Assaisonner les perdreaux à l'intérieur, les entourer de lard et les ficeler. Les faire colorer sur chaque face à feu vif. Finir la cuisson au four 15 minutes à 120 °C {th. 4}. Ils doivent être cuits à point. Laisser reposer dans un endroit tiède.

❧ *Le quinoa*

Faire bouillir de l'eau {2 fois ½ le volume du quinoa}, verser le quinoa, saler, cuire doucement à couvert 15 minutes environ, ajouter les châtaignes et les raisins, alléger avec la crème au dernier moment. Cuire le chou à l'eau bouillante salée, et rafraîchir à l'eau froide.

❧ *Au dernier moment*

Dans une poêle huilée, déposer 4 tas de farsous, aplatir légèrement, les colorer des 2 côtés. Faire bouillir le jus, ajouter le mélange pommes-coings {sans trop d'huile}. Chauffer le chou avec de l'eau et du beurre. Déficeler les perdreaux et les couper en 2.

❧ *Pour servir*

Dans une assiette plate chaude, mettre une cuillerée de quinoa, un demi-perdreau, un farsou à côté, le chou vert, arroser du jus aux fruits.

CONSEIL ❧ *La mise en place de toute la recette peut être faite la veille.*

Déclinaison autour du lapin et de la châtaigne,
réduction de miel au safran

POUR 4 PERSONNES • PRÉPARATION : 2 H 30
MATÉRIEL : 4 CERCLES (DE 5 CM DE DIAMÈTRE, SI POSSIBLE) + 1 EMPORTE-PIÈCE (DE 5 CM DE DIAMÈTRE, SI POSSIBLE)

1 lapin ❧ **POUR LES CUISSES** 30 g d'abricots secs / 30 g de pruneaux / 30 g de figues / 30 g de dattes / 80 g de châtaignes cuites / 80 g de chair à saucisse / 150 g de crépine de porc / 3 cl d'huile d'arachide / 40 g d'échalotes / 4 cl de vin blanc / 1 gousse d'ail / 1 peu de gingembre en poudre / 80 g de tomates / sel et poivre ❧ **POUR LE RÂBLE** 20 g de persil / 20 g de cerfeuil / 20 g d'estragon / sel et poivre ❧ **POUR LA SAUCE** 50 g de miel toutes fleurs / 10 cl de vinaigre de vin rouge / 1 pincée de safran / 80 g de châtaignes cuites et émincées ❧ **POUR LE PARMENTIER DE LAPIN** 300 g de pommes de terre / 180 g de châtaignes cuites / 160 g de beurre / 1 belles aubergines / 15 cl d'huile d'olive

CONSEIL ❧ *Demandez à votre boucher de désosser le lapin. C'est une recette un peu longue à réaliser, mais elle en vaut la peine. Vous pouvez demander à votre boucher de préparer le lapin.*

Séparer les cuisses du lapin, le râble et le coffre. Désosser le coffre du lapin et détailler la chair en cubes. Désosser les cuisses du lapin, les détailler en 2, les aplatir à l'aide d'un couteau batte, saler, poivrer.

❧ *Les cuisses*

Découper tous les fruits : abricots, pruneaux, figues, dattes et châtaignes, les mélanger à la chair à saucisse, déposer un peu de farce sur chaque marceaux de lapin, plier en forme de paupiette, rouler dans la crépine et ficeler.
Dans une sauteuse, faire colorer dans l'huile à feu doux les 4 paupiettes et les chairs du coffre, ajouter l'échalote ciselée, colorée, déglacer avec le vin blanc, ajouter l'ail, le gingembre et les tomates coupées en cubes, rectifier l'assaisonnement, couvrir et cuire au four à 120 °C {th. 4} pendant 1 heure. Au terme de la cuisson, enlever les paupiettes, les garder au chaud.

Effilocher les chairs du coffre et les garder au chaud. Filtrer la sauce en écrasant bien de manière à extraire au maximum le jus de la garniture aromatique. Faire réduire si nécessaire.

❧ *Le râble*

Désosser le râble en commençant par l'intérieur, ouvrir comme un portefeuille : les deux râbles doivent rester attachés, assaisonner.

Équeuter et laver les herbes, les mettre au milieu du râble, rouler, ficeler. Dans une sauteuse huilée, faire colorer les râbles farcis et assaisonnés à feu doux. Finir la cuisson au four 15 minutes à 100 °C {th. 3-4}.

❧ *La sauce*

À feu doux, faire cuire le miel en caramel, décuire avec le vinaigre, réduire, ajouter le safran et les châtaignes.

❧ *Le parmentier de lapin*

Éplucher, laver et cuire les pommes de terre dans de l'eau salée, les égoutter et les passer au presse-purée, ajouter les châtaignes et le beurre. Garder au chaud. Assaisonner.
Éplucher l'aubergine, la détailler en tranches de 5 mm environ et les couper avec un emporte-pièce. Les faire cuire dans une poêle huilée à l'huile d'olive, assaisonner. Les égoutter sur du papier absorbant. Mettre chaque rondelle au fond des cercles, par-dessus la chair effilochée, et finir avec la purée, égaliser et lisser. Réserver au chaud.

❧ *Pour servir*

Découper le râble en quatre, le disposer dans les assiettes chaudes, arroser de sauce au miel. Déposer la paupiette à côté, arrosée de sa sauce, et démouler délicatement un cercle de parmentier de lapin.

Tartelette au caramel et au genièvre,
bananes caramélisées,crème glacée au café

POUR 4 PERSONNES • PRÉPARATION : 45 MINUTES + TEMPS DE CUISSON : 2 H 30 • MATÉRIEL : 4 MOULES À TARTELETTES EN SILICONE (DE 6 CM DE DIAMÈTRE ET DE 3 CM DE HAUTEUR, SI POSSIBLE) + 1 FEUILLE EN SILICONE (OU DU PAPIER SULFURISÉ) + 1 EMPORTE-PIÈCE (DE 6 CM DE DIAMÈTRE, SI POSSIBLE) + 1 TURBINE À GLACE (OU 1 SORBETIÈRE) + 1 ROBOT

❧ **POUR LA PÂTE SUCRÉE** 125 g de farine / 75 g de beurre / 50 g de sucre glace / 1 pincée de sel / 12 g de poudre d'amandes / 1 pincée de levure chimique / ½ œuf battu ❧ **POUR LA CRÈME GLACÉE AU CAFÉ** 150 g de sucre semoule / 4 jaunes d'œufs / 25 cl de lait / 25 cl de café / 150 g de crème fraîche ❧ **POUR LE CARAMEL AU GENIÈVRE** 40 g de sucre / 17 cl de lait / 170 g de crème fraîche liquide / 7 jaunes d'œufs / 1 pincée de genièvre en poudre ❧ **POUR LES BANANES CARAMÉLISÉES** 2 bananes / 20 g de sucre cassonade

❧ *La crème glacée au café*
Fouetter longuement le sucre et les jaunes d'œufs. Verser dessus le lait et le café bouillants. Dans une casserole, faire cuire à la nappe (jusqu'à 80 °C) et ajouter la crème. Laisser refroidir dans la turbine à glace (ou la sorbetière).
Allumer le four à 80° C (th. 2-3).

❧ *Le caramel au genièvre*
Verser le sucre dans une casserole à feu doux et le cuire jusqu'au stade de caramel. Arrêter la cuisson en versant dessus le lait et la crème. Porter à ébullition pour bien dissoudre le caramel, puis verser sur les jaunes d'œufs, tout en fouettant, et, pour finir, ajouter le genièvre. Transvaser la préparation dans les moules. Enfourner pendant 2 h 30.

❧ *La pâte sucrée*
Dans le robot, mettre la farine, le beurre, le sucre glace, le sel, la poudre d'amandes et la levure. Mélanger puis ajouter le ½ œuf, mélanger encore. Former une boule, l'envelopper dans du film alimentaire et laisser reposer au frais 20 minutes. Étaler la pâte au rouleau, la piquer avec les dents d'une fourchette, et détailler des cercles à l'aide de l'emporte-pièce. Cuire au four à 180 °C (th. 6) pendant environ 15 minutes.

❧ *Bananes caramélisées*
Couper les bananes en rondelles de 5 mm d'épaisseur environ, les poser côte à côte dans un plat, les saupoudrer de sucre cassonade, et les faire colorer sous le gril du four ou à l'aide d'un chalumeau.

❧ *Pour servir*
Lorsque l'appareil caramel au genièvre est cuit, le laisser refroidir et le démouler sur les disques de pâte cuite. Décorer le dessus avec les bananes caramélisées. Servir avec la glace café.

CONSEIL ❧ *L'appareil caramel au genièvre peut être cuit la veille.*

Tarte à la brousse de brebis
et à l'eau de fleur d'oranger, sorbet orange safran

POUR 4 PERSONNES • PRÉPARATION : 1 HEURE + TEMPS DE CUISSON : 2 HEURES • MATÉRIEL : 1 TURBINE À GLACE {OU 1 SORBETIÈRE} + 4 MOULES À TARTE INDIVIDUELS EN ÉLASTOMÈRE {DE 6 CM DE DIAMÈTRE + 1 EMPORTE-PIÈCE {DE 8 CM DE DIAMÈTRE, SI POSSIBLE} + 1 CHALUMEAU

pâte sucrée {voir page 151} cassonade pour caraméliser ❧ **POUR LE SORBET ORANGE safran** 140 g de sucre semoule / 35 g de glucose / 50 cl de jus d'orange / quelques pistils de safran / 1 pointe de couteau de poudre de safran ❧ **POUR LA BROUSSE DE BREBIS** 3 œufs / 1 cl d'eau de fleur d'oranger / 250 g de brousse de brebis / 75 g de sucre / 1 pincée de sel ❧ **POUR LES ZESTES D'ORANGE** 1 orange / 30 g de sucre semoule ❧ **POUR LE COULIS À L'ORANGE** 1 orange / 15 g de sucre semoule

❧ *Le sorbet orange safran*
Dans une casserole, faire bouillir 6 cl d'eau, le sucre et le glucose. Hors du feu, ajouter le jus d'orange et le safran, laisser refroidir. Mettre dans votre appareil à glace.
Étaler la pâte au rouleau, la piquer avec les dents d'une fourchette, et détailler des cercles à l'aide de l'emporte-pièce. Cuire au four à 180 °C {th. 6} pendant environ 10 minutes.

❧ *La brousse de brebis*
Fouetter les œufs, le sucre et le sel, ajouter la brousse et l'eau de fleur d'oranger. Verser dans les moules à tarte, enfourner à 80 °C 2 heures.

❧ *Les zestes d'orange*
Prélever les zestes de l'orange à l'aide d'un zesteur ou d'un couteau économe, sans prendre la peau blanche de l'orange, et tailler les zestes en fines lanières. Blanchir les zestes dans de l'eau bouillante {remplir une casserole d'eau froide, porter à ébullition, égoutter et recommencer l'opération 3 fois}. Dans une casserole, porter à ébullition 3 cl d'eau et le sucre, ajouter les zestes et les confire sur feu très doux 20 minutes. Égoutter et les rouler dans du sucre.

❧ *Le coulis à l'orange*
Peler à vif l'orange et la découper en 8 quartiers. Chauffer le sirop fait avec le sucre et 3 cl d'eau, mettre les quartiers d'orange à pocher dedans pendant 5 minutes à feu doux, laisser refroidir dans le sirop. Mixer pour réaliser un coulis, ajouter du sirop jusqu'à une bonne consistance.

❧ *Au dernier moment*
Démouler les tartes à la brousse sur les fonds de pâte. Saupoudrer de sucre cassonade et caraméliser à l'aide d'un chalumeau ou d'un gril. Déposer les zestes d'oranges dessus.

❧ *Pour servir*
Déposer les tartes sur les assiettes, verser le coulis à l'orange, et servir à part dans une coupelle une boule de sorbet orange safran.

CONSEIL ❧ *Vous pouvez aussi utiliser une faisselle bien égouttée au lait de vache. Cette tarte peut être servie avec des oranges confites dans un sirop.*

❧

Poire fourrée au chocolat,
ratafia de vin de Marcillac rouge réduit, crème glacée au roquefort

POUR 4 PERSONNES • PRÉPARATION : 1 H 15
MATÉRIEL : 4 CERCLES (DE 6,5 CM, SI POSSIBLE) + 1 TURBINE À GLACE (OU SORBETIÈRE)

4 poires / 20 cl de ratafia de vin de Marcillac rouge / 2 feuilles de brick rondes ❧ **GLACE AU ROQUEFORT** 25 cl de lait / 25 g de roquefort / 3 jaunes d'œufs / 60 g de sucre / 60 g de crème liquide / 25 g de glucose ❧ **SIROP** 250 g de sucre / 50 cl d'eau / 2 pincée de cannelle en poudre / 1 gousse de vanille ❧ **FONDANT AU CHOCOLAT** 100 g de crème fraîche / 1,6 cl d'eau / 12 g de beurre de cacao / 60 g de chocolat / 10 g de cacao en poudre ❧ **FRANGIPANE** 25 g de beurre / 25 g de sucre / 25 g de poudre d'amande / 5 g de farine / 1 jaune d'œuf / 10 g d'orange confite / 10 g dragées concassées

❧ *La glace au roquefort*
Dans une casserole, faire bouillir le lait et le roquefort émietté. Dans un récipient, fouetter énergiquement les jaunes et le sucre, verser dessus le lait au roquefort, transvaser dans la casserole et cuire à feu doux en remuant avec une cuillère en bois comme pour une crème anglaise, puis incorporer la crème et le glucose. Bien fouetter et turbiner dans la sorbetière.

❧ *Le sirop*
Porter à ébullition tous les éléments du sirop. Pocher les poires pelées dans le sirop en les maintenant fermes, laisser refroidir puis les évider largement par le bas afin de pouvoir les fourrer avec le fondant.

❧ *Le fondant au chocolat*
Dans une casserole, faire bouillir, la crème, l'eau et le beurre de cacao. Verser sur le chocolat râpé et le cacao en poudre, garder au réfrigérateur.

❧ *La frangipane*
Ramollir le beurre. Mélanger ce beurre avec le sucre. Incorporer la poudre d'amande, la farine, le jaune d'œuf, les oranges confites coupées en dés et les dragées. Conserver au frais.

Découper les feuilles de brick en deux, les replier en deux.
Fourrer les poires de fondant à l'aide une petite cuillère, boucher avec la frangipane et les poser dans la feuille de brick pliée, remonter les 3 angles contre la poire, déposer le tout dans un cercle beurré. Enfourner sur une grille couverte d'un papier sulfurisé 10 minutes à 170 °C (th. 5-6).

Dans une casserole, faire réduire à feu doux, le ratafia jusqu'à une consistance sirupeuse.

❧ *Pour servir*
Dresser sur assiette ronde, poser la poire au milieu, une quenelle de glace au roquefort et servir le réduction de ratafia.

CONSEIL ❧ *Choisir des poires williams mûres à point de 180 g chacune.*

MARCILLAC
2007
2007
MARCILLAC
Appellation Marcillac Contrôlée
Cuvée Tradition
Mis en Bouteille à la Propriété
par les Vignerons du Vallon à F 12330 Valady
12,5% vol.
Produce of France
Marcillac

Coteaux
& vergers

Cerises, pommes, poires, prunes, figues, coings… Grâce à la diversité des territoires, de nombreux fruits sont présents sur les étals des marchés aveyronnais. Le département est aussi une terre de vin, avec les vignobles de la vallée du Tarn, du vallon de Marcillac, d'Entraygues, du Fel ou encore d'Estaing.

On peut encore contempler, sur les coteaux rocailleux de l'Aveyron, quelques terrasses cultivées de vignes et d'arbres fruitiers, soutenues par des murets de pierres sèches, les *parédous,* qui ont résisté aux ans et aux intempéries, y dessinant de merveilleux paysages. À force de volonté et de travail, les vignerons ont investi et dompté les pentes (*traversous*), grâce à ces murets faits de pierres savamment organisées, afin de contenir l'érosion et le ravinement des eaux. Depuis des siècles, ils ont réussi à cultiver et fertiliser ces bandes de terre *(faïsses)*, parfois même encordés pour ne pas dévaler les pentes, en remontant du fond de la vallée du limon, et longtemps en y ajoutant du *migou*, fumier de brebis acheté sur les causses.
Aujourd'hui, la vigne occupe les versants bien exposés de la vallée du Lot, du vallon de Marcillac et de la vallée du Tarn. Remodelés pour faciliter le passage de petits tracteurs, mais toujours vendangés à la main, les coteaux se présentent de façon fort complexe du fait de la diversité de leurs sols composés, selon les vallées, de terres calcaires, argilo-calcaires, schisteuses ou granitiques. En viticulture, la notion de terroir qui permet de donner à chaque vin son caractère suivant le terrain, le cépage, le climat et le savoir-faire du vigneron est une spécificité française. Le vignoble aveyronnais nous en offre une belle diversité.

Les vins des côtes-de-millau

Dans le sud de l'Aveyron, sur les coteaux calcaires de la vallée du Tarn autour de Millau, l'origine de l'implantation de la vigne remonterait aux Romains après le Ier siècle de notre ère. C'est à partir du XIIIe siècle que le vin issu du cépage gamay acquiert une certaine réputation. Le vignoble, bien installé dans toute la vallée, prospéra jusqu'au XIXe siècle.

Ci-contre : Philippe Teulier, vigneron à Goutrens (vin de Marcillac).

Mais après les ravages du phylloxéra ajoutés à de nombreuses intempéries et à la concurrence des vins de l'Hérault, il déclina. C'est depuis quelques décennies seulement que l'activité viticole de la vallée du Tarn connaît un renouveau. Les vignerons élaborent aujourd'hui un vin de qualité AOP (Appellation d'Origine Protégée), AOVDQS (Appellation d'Origine Vin Délimité de Qualité Supérieure) : le côtes-de-millau.
Le vignoble s'étend maintenant sur 57 ha sur les coteaux calcaires proches de Rivière-sur-Tarn et en aval de Millau. Les rouges et les rosés partagent comme base la fraîcheur du gamay et la puissance de la syrah. Les blancs associent les cépages mauzac et chenin qui donnent des vins frais et aromatiques. De gros efforts ont été portés à la vinification, une partie de la production étant mise en fûts de chêne dans des caves.

Le vin de Marcillac

Situé entre Rodez et Conques, un des plus beaux villages de France inscrit au Patrimoine mondial de l'humanité, le vignoble de Marcillac est le plus important du département avec ses 180 ha.
De Rodez, on découvre le vignoble par l'ouest : les coteaux lie-de-vin du rougier de Bruéjouls, Clairvaux, Valady s'éclaircissent vers Goutrens, plus calcaire. À l'est, à partir du causse comtal, on plonge sur les coteaux calcaires ocrés de Salles-la-Source, Saint-Austremoine, Cougousse. Vers Marcillac, Nauviale et Mouret, c'est de nouveau la terre rougissante qui domine, due à la richesse du sol en oxyde de fer.
Avec l'installation de quelques moines et la création d'un monastère, c'est à partir du IXe siècle que l'on trouve des traces de culture de la vigne sur les coteaux de Conques ; progressivement le vignoble gagnera en partie le vallon de Marcillac. Sur ordre des moines, les paysans défrichaient, construisaient des murets, plantaient des vignes et versaient leur dîme à l'Église.
Au XIe siècle, le début de la construction de l'abbatiale de Conques engendre un rayonnement spirituel très influent. Le vignoble prospère. Conques est devenu entre-temps un haut lieu de passage du pèlerinage vers Saint-Jacques-de-Compostelle, les moines se devant d'offrir du pain et du vin aux pèlerins. On trouvait alors plusieurs cépages, dont le fer-servadou. Au XVIe siècle, il y eut tellement de vignes dans le vallon que

l'on manqua de terre à blé ! Malgré la surproduction, les ravages dus aux guerres, les mauvaises années climatiques (l'hiver 1709 fut particulièrement rigoureux, le vin gelait, des arbres se fendaient), les vignerons replantaient inlassablement.

À la veille de la Révolution, on comptait encore dans le Vallon plus de 2 300 ha de vignes ! C'est vers 1826, avec l'exploitation des mines de charbon de Decazeville, que le vin de Marcillac trouve une nouvelle clientèle en la personne des ouvriers. Ce sont alors les plus belles années pour les vignerons et pour tous les commerces du Vallon jusqu'à l'arrivée du « puceron diabolique », qui engendre la terrible maladie de la vigne : le phylloxéra. Vers 1880, le vignoble de Marcillac n'échappe pas à ce fléau, malgré de nombreux pèlerinages et l'offrande de belles croix sculptées pour conjurer le mal, il est pratiquement détruit vers 1888.

Après l'effondrement de toutes les activités viticoles, de nouveaux plants résistants au phylloxéra redonneront vie au vignoble dont la surface diminuera avec la fin des mines de Decazeville.

Aujourd'hui, c'est le cépage fer-servadou, vieux cépage local, ici nommé mansois *(lo saumansès)*, qui est roi à plus de 95 %. Une particularité qui en fait un vignoble unique au monde ! Le fer-servadou comme le cabernet franc, appartient à la famille des cépages carmenets. Les ceps bénéficient dans le Vallon d'un climat spécifique, semi-continental, océanique et méditerranéen, en symbiose avec une forte amplitude thermique entre le jour et la nuit, cette alchimie convenant parfaitement à ce cépage.

Avec l'attention portée aux nouvelles technologies et une grande persévérance, les viticulteurs ont su faire évoluer à son meilleur niveau ce cépage de caractère et, depuis 1990, ils peuvent s'enorgueillir d'avoir obtenu la mention AOC (Appellation d'Origine Contrôlée) aujourd'hui AOP (Appellation d'Origine Protégée).

Le marcillac est un vin original, finement épicé et au parfum prononcé de cassis. Son cépage fer-servadou donne un vin dont la rusticité authentique témoigne du profond attachement du vigneron à sa terre. Chaque vigneron produit différentes cuvées : ainsi, avec les jeunes vignes, s'obtient un vin rouge et rosé de plaisir à la note plus marquée de fruits rouges. Le passage en fût de chêne fera du marcillac un vin plus complexe, charpenté, aux arômes épicés et boisés. Des vignes anciennes, âgées de 30 ans et même jusqu'à 100 ans, donnent les meilleurs raisins qui seront sélectionnés pour la vinification, puis la fermentation se poursuivra pendant plusieurs mois dans les vieux foudres. Bien typé, le marcillac rouge, servi autour de 15 °C, accompagne à merveille une belle côte de bœuf d'Aubrac ou un gigot d'agneau des causses rôti…

Le marcillac rosé, fruité, équilibré, se boit frais… à découvrir.

Le marcillac est vinifié par une dizaine de vignerons indépendants et une Cave coopérative regroupant 38 adhérents.

Autour du raisin…

La plupart des vignerons proposent du ratafia, apéritif traditionnel aveyronnais, assemblage de moût de raisin et d'eau-de-vie de marc, lentement vieilli en fût de chêne. Il se déguste frais mais non glacé, mettra délicatement en valeur un foie gras, accompagnera très bien un melon, un fromage ou un dessert.

Sans alcool, on pourra se désaltérer avec du jus de raisin naturel ou du jus de raisin pétillant rafraîchissant et, même certaines années, du jus de raisin 100 % mansois.

Chaque dimanche matin, jour de marché animé à Marcillac, à côté du gros tonneau à l'ombre des platanes, un viticulteur différent propose une dégustation de ses vins accompagnée d'un morceau de « soleil de Marcillac », gâteau traditionnel du Vallon en forme de soleil, hommage aux coteaux ensoleillés. Ce gâteau légèrement sablé et croquant, aux amandes et parfumé à l'eau de fleur d'oranger, se marie parfaitement aux vins du Vallon.

Dans le village de Marcillac, depuis le XVIIIe siècle, tradition oblige, le lundi de Pentecôte est la grande fête de la Saint-Bourrou, le « saint bourgeon » de la vigne, doux mélange de culte païen et chrétien. Une procession religieuse mène jusqu'à la chapelle Notre-Dame-de-Foncourrieu, et d'autre part, au pré de Cachefaix, intronisation et dégustation du mansois…

Les vins de pays : quelques viticulteurs réintroduisent des cépages anciens autour des hauts lieux des abbayes de Najac, Conques, Saint-Côme-d'Olt et Martiel. Ces vins sont rouges, rosés ou blancs, et sont dits « vins de Pays de l'Aveyron ».

Depuis 1990, l'Eschansonnerie de la Saint-Bourrou est une confrérie qui intronise les hommes qui ont su travailler à la reconnaissance de ce vin de caractère.

Les vins d'Estaing, d'Entraygues et du Fel

Dans la vallée du Lot, sur les coteaux escarpés d'Entraygues et d'Estaing s'accroche le vignoble le plus septentrional de l'Aveyron et ceci depuis des siècles. Les vignobles d'Entraygues et du Fel dominent la vallée du Lot et de la Truyère, tandis que le petit vignoble d'Estaing s'étire près du château imposant de la ville éponyme en direction d'Espalion.
Au Moyen Âge, on cultivait la vigne sur les coteaux les mieux exposés sur toutes les communes riveraines de la vallée du Lot, depuis Saint-Laurent-d'Olt à la limite de la Lozère jusqu'à Salvanhac, dernier village avant le département du Lot. Le vin du Fel sera longtemps un vin réputé qui concurrencera le vin de Marcillac. Comme ses voisins, le vignoble de la vallée du Lot faillit disparaître, entraînant une importante migration de la population vers Paris. Progressivement les coteaux pentus feront le bonheur des chèvres, amenant bon nombre d'agriculteurs à fabriquer du fromage, dont le fameux cabécou.

Le cabécou

Le cabécou (qui a gardé son nom occitan) est un petit fromage de chèvre en forme de palet fabriqué avec du lait cru, caillé, égoutté puis moulé manuellement et affiné selon un cahier des charges strict dans les fromageries artisanales des éleveurs. Leurs troupeaux de chèvres se plaisent tout particulièrement dans les traversous redevenus sauvages de la vallée du Lot et du vallon de Marcillac.
Ce fromage à la texture très fine, onctueux, crémeux quand il est jeune, délivre un léger goût de noisette ; il est très apprécié en Aveyron. Selon le stade d'affinage, son goût deviendra plus corsé et l'on pourra accompagner le cabécou d'une huile de noix.

Ci-dessus : Marielle Sourie, éleveuse de chèvres et productrice de fromages biologiques.

Ces deux vignobles de 22 ha se répartissent sur des sols très différents, celui du Fel sur un terrain schisteux, celui d'Entraygues sur un terrain granitique.
Le cépage du vin d'Entraygues est le chenin dénommé « gamet d'Entraygues » donnant un vin blanc sec à l'acidité équilibrée, d'une belle fraîcheur.
Le vin rouge du Fel a comme cépage le mansois ou fer-servadou, au goût prononcé de fruits rouges mûrs.
Les 19 ha du vignoble du vin d'Estaing sont cultivés sur des sols schisteux et argilo-calcaires. Pour ses vins rouges, on trouve les cépages gamay, pinot noir, cabernet et fer-servadou aux arômes de fruits rouges, et pour ses blancs : le chenin domine.
Depuis 1965, ces 3 vignobles ont droit à l'Appellation d'Origine Vin Délimité de Qualité Supérieure. Trois viticulteurs indépendants proposent leur production, ainsi qu'une coopérative des vignerons d'Olt.

Le vinaigre de vin

Dans un joli village qui domine le vallon de Marcillac, un alchimiste passionné cultive sa vigne et ses plantes aromatiques. Dans son atelier d'arômes, il élabore lui-même d'étonnants vinaigres à base de vin rouge et sans conservateur. Après différents filtrages, ce vinaigre naturel reste plus d'un an et demi dans des fûts de chêne ; dans ce vinaigre, une plante aromatique macère plusieurs semaines : sauge, basilic, ciboulette, sarriette... L'extrait obtenu chargé des meilleures substances aromatiques est alors doté d'un nom évocateur d'« esprit ». On l'utilise en cuisine pour déglacer une viande ou créer une recette.
Avec son vinaigre à base de noix, vous déglacerez un magret, un gibier, ou en versant quelques gouttes dans une salade vous en rehausserez le goût.

Les fruitiers

Jadis, cerisiers, pruniers, pommiers, noyers jalonnaient les bords des chemins et des routes sinueuses d'Aveyron. Au cours d'une promenade, regardez bien, il y a encore des petits arbres tout tordus par les ans et le poids des fruits, mais qui vont disparaître... les routes s'élargissant.

Dans les campagnes, il était de tradition d'insérer dans les haies bocagères des arbres fruitiers afin de préserver le peu de parcelles cultivables. Heureusement, en Aveyron on aime les fruits, et ces fruitiers plantés en bordure des potagers sont encore très présents.
la conjoncture terroirs et climats permet aux arboriculteurs de cultiver pratiquement tous les fruits et petits fruits, et donc, avantage suprême, on se régale de fruits juteux de saison, parfaitement mûris au soleil, en vente le jour même.
Dans la vallée du Tarn adossée au Causse Noir, sur une vingtaine de kilomètres autour de Rivière-sur-Tarn, les cerisiers partagent les pentes avec la vigne. Malgré des années difficiles, fort de 200 ans d'expérience, les arboriculteurs continuent la culture de la cerise. C'est au XIXe siècle que la cerise d'Aguessac, l'Alzonaise, acquiert une renommée méritée qui lui vaudra d'être vendue jusqu'à Bordeaux. Les cerisiers étaient alors isolés, en bordure des champs ou proche des vignes. Les variétés courte queue, jérusalem, conquaise et négrale ont longtemps régalé les Aveyronnais.
Depuis 50 ans, les arboriculteurs se sont regroupés en coopérative. Ils ont aussi créé une Maison de la Cerise, vous y découvrirez leur savoir-faire et leurs produits. Ces arboriculteurs ont choisi la culture extensive avec une fertilisation modérée, évitant une trop grande irrigation, d'où une production moindre, mais le fruit à maturité gagne beaucoup en arôme par son sucre concentré. Burlat, hedelfingen, reverchon, blanche et napoléon garnissent les étals des marchés début juin à fin juillet.
La cerise offre de multiple possibilités d'improvisations culinaires allant du clafoutis moelleux aux confitures rouges ou blanches, sirops, cerises à l'eau-de-vie, cerises au vinaigre, jusqu'aux terrines de canard aux griottes...

Tout en se promenant en bordure des chemins, on peut encore ramasser la prune de Saint-Antonin (ou Saint-Antoine), bleue, ovale, si caractéristique du Sud-Ouest depuis le XVIIe siècle. Jusqu'en 1910 elle fut même expédiée en Angleterre pour son utilisation en médecine digestive. Les prunes sèches ont longtemps été recherchées des navigateurs, car elles protégeaient du scorbut.
La plupart des familles faisaient sécher ces fruits sur des claies ou dans le four à pain permettant ainsi une consommation hivernale.

Reine
Claude
1€ le kg

Les ménagères confectionnent encore le *prunat*, une délicieuse compote de prunes rouges cuites lentement au four, permettant ainsi au sucre du fruit de se concentrer.
Fidèles à la tradition, les rissoles aux pruneaux, ces appétissants petits chaussons fourrés et bien dorés, sont toujours fabriquées et appréciées des gourmands. Les rissoles peuvent être aussi garnies de pommes ou de coings. Les vieux pruniers cèdent lentement leur place aux pruniers d'Ente, aux reines-claudes dorées et aux mirabelles, fruits délicieux aussi bien crus que cuits.
Surplombant le vallon de Marcillac, Pruines, situé à 500 m d'altitude, est un village de tradition fruitière, cerisiers, pommiers, poiriers, pruniers ou pêchers se plaisent à l'abri des vents froids. Cultivés au plus proche du naturel, cueillis à maturité, les fruits gardent leurs exquises saveurs authentiques, et vous sont proposés sur les marchés de la région. Là, vous pouvez redécouvrir les variétés les plus anciennes comme la pomme reinetille de Villecomtal, la pomme réale d'Entraygues, les poires duc de Bordeaux, beurré giffar, la roussanne pêche de vigne… De vrais délices !
Fin juillet les pérous, ces jolies petites poires vertes, cuites dans un vin de Marcillac, feront un dessert d'été rafraîchissant.

Avec persévérance et passion, de nombreux bénévoles tentent de préserver des variétés anciennes d'arbres fruitiers menacées, donnant l'envie de les perpétuer. Regroupés en association, les « Croqueurs de Pommes » très actifs au niveau national sont particulièrement dynamiques en Aveyron. C'est à travers bulletins, brochures, démonstrations de greffes et présentations de variétés locales à préserver qu'ils nous mobilisent.

Le soleil qui peut être très généreux l'été renvoie la chaleur sur le figuier adossé au mur dont les fruits se gorgent… Qu'elle soit blanche, violette ou rouge, mangée à point, la figue vous fait voyager à travers la Méditerranée. Les fruits, fragiles, éclatent rapidement, aussi, si vous envisagez des confitures, surveillez votre récolte chaque jour. Difficile de résister à la délicate tarte aux figues et aux noix de Nicole (voir page 185).

Les coings et les pommes tardives fermeront la saison des fruits… Le cognassier, petit arbre si délicat de beauté rosée à la floraison, offre ses fruits de formes étranges et d'aspect rugueux, mais qui savent dévoiler un parfum comme nul autre, embaumant toute la maison de leurs arômes. La gelée de coing et la pâte de coing sont deux précieux amis en cuisine ; avec une viande froide, un dessert aux pommes ou avec le roquefort.

Les petits fruits

Tôt le matin, la récolte des petits fruits s'impose. Panier sous le bras, on cueille délicatement framboises, cassis, groseilles, groseilles à maquereau, un vrai plaisir. Qui n'a pas mangé de fraises dans un jardin n'en connaît pas le véritable goût ! Les heureux propriétaires d'un potager ont toujours quelques plants de fraisiers dans un coin. Pour les autres, la mara des bois, la garriguette, l'ostara et la reine des vallées, toutes ces fraises parfumées et sucrées embaument les étals des marchés. Pour que la fraise délivre au mieux son goût, elle doit être cueillie mûre, les meilleures n'auront pas voyagé.
À Saint-Geniez-d'Olt, au bord du Lot, sur les coteaux ensoleillés aménagés en terrasses, en remplacement de la vigne décimée par le phylloxéra, furent cultivés des arbres fruitiers et une sorte de fraise,

la fraise sannié, nom du jeune Antoine Sannié, qui, en 1860, parvint à partir de quelques plans desséchés à faire naître une véritable production. Commercialisée durant des années jusqu'à son apogée en 1956 – 1 000 tonnes ! – cette fraise fût hélàs touchée par la virose, maladie destructrice, et par une forte concurrence. Sucrée et délicieuse si elle est cueillie à point, elle revient timidement sur les marchés.

Les confitures

De juin à septembre, la récolte des petits fruits et fruits s'échelonne ; certains producteurs préparent pour vous un étonnant assortiment de confitures. Le choix proposé sur les marchés est impressionnant : fraises, pêches, poires, figues, melons, prunes, rhubarbes, tomates vertes… et aussi des gelées de verveine, coquelicot, groseille, coing, mûre, pastèque… Proche d'Ayssènes et de la Maison de la Châtaigne, surplombant les raspes du Tarn, sur une ancienne propriété viticole, une amoureuse de la nature cultive et préserve d'anciennes variétés d'arbres à fruits oubliées comme la prune Saint-Antonin, prune acide et délicieuse, la pomme passerose de Sainte-Beauzély, la figue tardive col de dame noire, et de nombreux petits fruits. De jolis pots aux saveurs variées et délicieuses, comme la confiture de poire sauvage d'hiver, confiture d'orties qui soigne les rhumes, délicate confiture de violette sauvage à déguster à la petite cuillère avec une glace à la vanille… pomme-cannelle, nèfle, groseille, melon-muscat, cynorrhodon…
Au cœur de la ville de Rodez, une boutique haute en couleurs regorge de pots terriblement appétissants de confitures, crèmes de fruits, sirops, sorbets. On dit que certains naissent dans les choux, pour d'autres, sûr, c'est dans les fruits ! Elle a été créée par un cuisinier-pâtissier de formation, passionné de fruits et de saveurs, qui, en véritable chercheur, élabore d'étonnantes confitures de fraise-ratafia, poire-cumin, gratte-cul, tomate verte… La confiture de griotte-safran se dégustera avec un fromage de caractère tandis que celle de figue-raisin réveillera un fromage frais… Une gelée de fraise-réglisse, ou un confit au vin de Marcillac accompagneront la fouace aveyronnaise. Sans oublier des sorbets naturels au goût exquis de groseilles, pêches de vigne, mûres… Et pour apaiser votre soif, des sirops de rhubarbe, framboise, figue…

Ci-contre : confiture de violettes.

Autour des noisettes et des noix

Noisette et noix ouvrent la récolte d'automne…
Les variétés de noix, la carême, la franquette, la grosjean, la marbot sont très présentes dans le département. Au bord des chemins, quelques noix sont à notre portée et chez soi une provision de noix est opportune ; l'hiver, comme il était de tradition, on confectionnera le gâteau aux noix qui se conserve si bien. Un doux mélange de noix en poudre, beurre, œufs, farine et sucre décoré de cerneaux de noix est étalé sur un fond de pâte brisée.
L'huile de noix, utilisée depuis plus de 700 ans pour l'éclairage et la nourriture, reste toujours oh combien précieuse. Intéressante en cuisine mais typée, elle est sensible à la lumière et à la chaleur, attention à ne pas trop la chauffer particulièrement dans la recette de l'estofinado (voir chapitre Eaux vives et lacs page 210). Elle s'accorde avec une salade de pommes de terre, des endives, du roquefort… un filet d'huile de noix sur un petit cabécou, voilà un régal.
L'hiver, dans la vallée du Lot et du Tarn quelques moulins presseront vos noix décortiquées ; 5 kg de noix pour 2 kg de cerneaux donneront 1 l d'huile. Broyés à la meule de granit, les cerneaux formeront une pâte qui, chauffée lentement et brassée, sera pressée dans une toile de lin pour récolter l'huile qui sera ensuite filtrée avant la mise en bouteille de verre sombre pour une plus longue conservation.

Vin de noix : faire macérer 40 noix vertes coupées en deux dans 4 l de bon vin rouge et 1 l d'eau-de-vie, ajouter 1 kg de sucre en poudre, un peu de cannelle et de vanille. Mettre le tout dans une bonbonne pendant 2 mois, puis filtrer et mettre en bouteille. Patientez quelques mois supplémentaires, il n'en sera que meilleur.

Soupe de fruits rouges et sorbet au vin de Marcillac, croustillant à la cannelle

POUR 4 PERSONNES • PRÉPARATION : 1 HEURE + LE TEMPS DE LA FABRICATION DU SORBET • MATÉRIEL : 1 SORBETIÈRE

❧ **POUR LE SORBET AU VIN DE MARCILLAC** 10 cl d'eau / 150 g de sucre / 25 g de cassis / 38 cl de vin rouge de Marcillac / ½ jus de citron / 1 pincée de cannelle ❧ **POUR LA SOUPE DE FRUITS ROUGES** 100 g de framboises / 100 g de fraises / 50 g de mûres / 50 g de cassis / 10 cl d'eau / 65 g de sucre / 125 g de groseilles ❧ **POUR LE CRÈME À LA CANNELLE** 75 g de sucre / 30 g de glucose / ½ cuillerée à café de cannelle en poudre / 75 g de crème fraîche liquide UHT / 150 g de crème fraîche fleurette / 1 feuille de gélatine ❧ **POUR LE CROUSTILLANT** 100 g de beurre / 100 g de sucre glace / 3 blancs d'œufs / 75 g de farine

❧ *Le sorbet*

Faire un sirop avec l'eau, le sucre et le cassis, mixer, puis ajouter le vin de Marcillac, le jus de citron et la cannelle, laisser macérer quelques heures et filtrer. Turbiner selon le temps indiqué de votre sorbetière.

❧ *La soupe de fruits rouges*

Faire un sirop avec le sucre, l'eau et les groseilles triées et lavées. Porter à ébullition 3 minutes, mixer, filtrer. Laisser refroidir et ajouter tous les fruits triés et lavés. Réserver au frais.

❧ *La crème à la cannelle*

Tremper la feuille de gélatine dans de l'eau froide. Faire un caramel avec le sucre, le glucose et la cannelle, hors du feu arrêter la cuisson en ajoutant les 75 g de crème liquide (attention aux projections !), ajouter la feuille de gélatine et laisser refroidir. Fouetter les 150 g de crème fleurette, prélever un peu de crème pour détendre la première préparation et incorporer délicatement au mélange précédent. Garder au réfrigérateur.

❧ *Le croustillant*

Mélanger le beurre fondu et le sucre glace puis, un par un, ajouter les blancs d'œufs. Incorporer ensuite la farine, bien mélanger et étaler finement en forme de gros ronds de 15 cm de diamètre sur une plaque, munie d'un papier sulfurisé beurrée, cuire quelques minutes au four à 180 °C (th. 6) ; dès la sortie du four, les enrouler autour d'un petit rouleau pour leur donner une forme cylindrique de cigarette. Laisser refroidir. Garnir les croustillants de crème à la cannelle.

❧ *Pour servir*

Dresser dans des assiettes creuses la soupe de fruits rouges, mettre dessus le sorbet en forme de quenelle, servir avec les croustillants à la crème de cannelle.

CONSEIL ❧ ***Les fruits rouges peuvent être différents, suivant les saisons et votre goût.***

Cerises confites au banyuls,
cake légèrement parfumé au roquefort

POUR 4 PERSONNES • PRÉPARATION : 1 H 30

MATÉRIEL : 1 MOULE À CAKE OU 1 MOULE À TARTE + 1 EMPORTE-PIÈCE (DE 65 MM DE DIAMÈTRE, SI POSSIBLE)

❧ **POUR LE CAKE** 4 œufs / 200 g de sucre / 1 citron (pour le zeste) / 200 g de farine / 200 g de beurre + beurre pour le moule ❧ **POUR LA CRÈME AU ROQUEFORT** 15 cl de lait / 2 jaunes d'œufs / 25 g de sucre / 10 g de Maïzena / 1 feuille de gélatine / 20 g de roquefort / 75 g de crème fleurette ❧ **POUR LES CERISES CONFITES** 200 g de cerises / 25 cl de banyuls / 50 g de sucre / 3 grains de poivre noir / 2 grains de coriandre / 2 g de cannelle en poudre

❧ *Le cake*

Préchauffer le four à 180 °C (th. 6).

Casser les œufs en séparant les blancs des jaunes, monter les blancs en neige, travailler les jaunes et le sucre avec un fouet jusqu'à ce que le mélange blanchisse. Ajouter le citron râpé, le beurre fondu ainsi que la farine, et incorporer délicatement les blancs d'œufs.

Beurrer et fariner le moule à cake, verser la pâte dedans. Enfourner 45 minutes, vérifier avec la pointe d'un couteau que le gâteau est cuit à cœur.

❧ *La crème au roquefort*

Faire bouillir le lait. Travailler les jaunes et le sucre jusqu'à ce que le mélange blanchisse, ajouter la Maïzena, verser le lait bouillant dessus, en tournant avec soin et cuire sur feu doux comme une crème pâtissière.

Ajouter la feuille de gélatine préalablement trempée dans de l'eau froide, ajouter le roquefort émietté, fouetter pour rendre le mélange homogène, laisser refroidir. Incorporer la crème fleurette fouettée.

❧ *Les cerises confites*

Dénoyauter les cerises. Porter à frémissement le banyuls, le sucre et les épices. Verser le sirop sur les cerises, laisser refroidir, réserver au frais.

❧ *Pour servir*

Tailler 4 tranches de 1 cm d'épaisseur dans le cake. Détailler à l'aide d'un emporte-pièce rond. Tartiner ces tranches de crème au roquefort, égoutter les cerises, et les disposer sur la crème, laisser prendre l'ensemble au frais.

CONSEIL ❧ *Tout peut être préparé la veille, le montage peut être fait 2 heures avant d'être servi.*

Pascade aux zestes d'oranges

et aux pommes caramélisées, crème glacée à la cannelle

POUR 4 PERSONNES • PRÉPARATION : 1 HEURE • MATÉRIEL : 1 POÊLE À CRÊPES (DE 22 CM DE DIAMÈTRE, SI POSSIBLE) + 4 CERCLES (DE 9 CM DE DIAMÈTRE, SI POSSIBLE) + 1 TURBINE À GLACE (OU SORBETIÈRE)

❧ **POUR LE CRÈME GLACÉE À LA CANNELLE** 50 cl de lait / 1 pincée de cannelle en poudre / 5 jaunes d'œufs / 150 g de sucre / 125 g de crème liquide ❧ **POUR LE COULIS DE CARAMEL** 100 g de sucre / 5 cl d'eau ❧ **POUR LES POMMES** 4 pommes / 100 g de sucre ❧ **POUR LA PÂTE À PASCADE** 3 œufs / 90 g de farine / 50 g de sucre / 20 cl de lait / 1 orange non traitée / 50 g de cassonade pour gratiner / beurre ❧ **POUR LA PÂTE À PASCADE** 1 orange non traitée / 3 œufs / 50 g de sucre / 90 g de farine / 20 cl de lait / 50 g de cassonade pour gratiner

❧ *La crème glacée à la cannelle*

Dans une casserole, faire bouillir le lait avec la cannelle. Dans un récipient, fouetter les jaunes d'œufs avec le sucre, verser doucement le lait dessus. Transvaser dans la casserole et cuire comme une crème anglaise, ajouter la crème et turbiner selon le mode d'emploi de votre appareil.

❧ *Le coulis de caramel*

Faire un caramel blond avec le sucre, détendre avec l'eau pour le dissoudre. Garder au froid.

❧ *Les pommes*

Peler les pommes et les râper en julienne avec une mandoline. Dans une poêle, faire un caramel avec le sucre et un peu d'eau, y jeter les pommes râpées, les faire sauter. Garder au chaud.

❧ *La pâte à pascade*

Prélever les zestes de l'orange à l'aide d'un économe, les tailler en julienne, puis en petits dés très fins. Presser l'orange pour en extraire le jus. Dans un récipient, casser les œufs, les fouetter avec le sucre, incorporer la farine, détendre avec le lait et verser le jus d'orange, filtrer et incorporer les zestes.
Cuire la pascade dans la poêle à crêpe beurrée à feu doux, à mi-cuisson la retourner 2 minutes sur chaque côté. Au terme de la cuisson, découper 4 cercles à l'aide d'un emporte-pièce. Les saupoudrer de cassonade et gratiner à l'aide d'un chalumeau ou d'un gril.

❧ *Pour servir*

Au centre des assiettes plates, placer un cercle, y répartir les pommes caramélisées tièdes en tassant un peu, déposer la pascade tiède dessus, démouler puis réaliser une quenelle de crème glacée que vous poserez sur la pascade. Tracer un cordon de coulis caramel autour.

CONSEIL ❧ *Utilisez des pommes royal gala ou golden.*

Coupe glacée au marc de Marcillac,
mousse café, raisins secs, café et noisettes

POUR 4 PERSONNES • PRÉPARATION : 45 MINUTES

50 g de raisins secs / 50 g de noisettes grillées / quelques grains de café / 100 g de crème fouettée ❧ **POUR LE GRANITÉ** 35 cl d'eau / 230 g de sucre / ½ jus de citron / 12,5 cl de vin blanc sec / 5 cl de marc de Marcillac ❧ **POUR LA MOUSSE CAFÉ** 150 g de crème fraîche / 15 cl de café expresso / 100 g de gianduja (pâte de chocolat et noisettes) ou pâte à tartiner (style Nutella) / 3 jaunes d'œufs / 40 g de sucre semoule

❧ *Le granité*

Dans une casserole, faire bouillir l'eau, le sucre, le jus de citron et le vin blanc. Hors du feu, ajouter le marc de Marcillac. Verser dans un plat et faire prendre au congélateur en remuant souvent avec une fourchette pour donner un aspect pailleté.

❧ *La mousse café*

Dans une casserole, faire bouillir la crème, le café et le chocolat. Dans un saladier, fouetter les jaunes d'œufs avec le sucre, verser le mélange chaud dessus, puis transvaser dans la casserole et cuire comme une crème anglaise. Garder au frais.

Mettre les raisins secs à gonfler dans un peu d'eau tiède.

Faire griller légèrement les noisettes sur une plaque au four à 180 °C pendant 10 minutes.

Concasser des grains de café.

❧ *Pour servir*

Dans 4 coupes hautes ou 4 verres, verser la mousse café au fond, déposer quelques noisettes grillées et quelques raisins secs, étaler ½ cm de crème fouettée, ajouter le granité au marc de Marcillac, terminer par une quenelle de crème fouettée saupoudrée de grains de café et disposer quelques noisettes et raisins secs autour.

CONSEIL ❧ *Vous pouvez accompagner cette coupe de petits fours : tuiles ou cigarettes russes…*

La prune reine-claude
en clafoutis et en beignet

POUR 4 PERSONNES • PRÉPARATION : 1 H 30 + TEMPS DE POUSSE DE LA PÂTE À BRIOCHE :12 HEURES

MATÉRIEL : 1 FRITEUSE + 1 BATTEUR-MÉLANGEUR + 1 EMPORTE-PIÈCE (DE 9 CM DE DIAMÈTRE, SI POSSIBLE)

800 g de reines-claudes ❧ **POUR LE PÂTE À BRIOCHE** 250 g de farine / 25 g de sucre / 5 g de sel / 10 g de levure fraîche de boulanger / 1,2 cl d'eau tiède / 3 œufs + 1 œuf pour la dorure / 150 g de beurre ❧ **POUR LE CRUMBLE** 50 g de beurre / 50 g de sucre / 40 g de farine / 50 g de poudre d'amandes ❧ **POUR LE CLAFOUTIS** 2 œufs / 125 g de poudre d'amandes / 60 g de farine / 60 g de beurre / 12 cl de lait / 100 g de sucre ❧ **POUR LE CRÈME D'AMANDE VANILLÉE** 60 g de beurre / 60 g de sucre / 60 g de poudre d'amandes / 25 g de farine / ½ œuf / ½ gousse de vanille

❧ *La pâte à brioche*

Dans un batteur-mélangeur, mettre la farine, le sucre, le sel, la levure dissoute dans l'eau tiède, battre, ajouter les œufs, battre, ajouter le beurre en pommade petit à petit tout en battant. Continuer à battre 5 minutes pour rendre la pâte homogène. Déposer la pâte dans un récipient, poser un chiffon humide dessus. Laisser « pousser » au frais 12 heures.

❧ *Le crumble*

Dans un robot, mettre le beurre en pommade, ajouter le reste des ingrédients et mélanger rapidement. Étaler sur une plaque et cuire au four 20 minutes à 160 °C (th. 5/6). Laisser refroidir et égrener dans les mains.

❧ *Le clafoutis*

Séparer délicatement le blanc des jaunes d'œufs. Mélanger la poudre d'amandes, la farine, les jaunes d'œufs, le beurre fondu et le lait. Monter les blancs d'œufs en neige, ajouter le sucre lorsqu'ils sont bien montés. Incorporer délicatement au mélange précédent.

❧ *La crème d'amande vanillée*

Dans un robot, mettre le beurre en pommade, ajouter le sucre, la poudre d'amandes et la farine, mélanger. Ajouter le demi-œuf et les graines de la gousse de vanille, mélanger rapidement.

❧ *Les prunes*

Prunes en beignets : dénoyauter 8 prunes, les fourrer avec la crème d'amande. Étaler finement la pâte à brioche, détailler 8 ronds à l'aide d'un emporte-pièce, dorer avec la dorure et envelopper la pâte autour de la prune. Bien coller la soudure. Réserver. Plonger dans un bain de friture à 180 °C 2 minutes, égoutter, disposer sur un papier absorbant et saupoudrer de sucre.

Prunes en clafoutis : couper les prunes restantes en 4, enlever les noyaux, choisir 4 coupelles (allant au four), les beurrer et ranger les prunes, verser l'appareil à clafoutis, saupoudrer de crumble. Enfourner à 160 °C (th. 5/6) 20 minutes.

❧ *Pour servir*

Répartir les beignets et les coupelles sur 4 assiettes plates. Déposer une prune fraîche en décor.

CONSEIL ❧ *Préparer la pâte à brioche la veille. Servir ce dessert avec une crème glacée à la vanille.*

Tarte aux figues et crème glacée aux noix, un jus de figues au vin de noix

POUR 4 PERSONNES • PRÉPARATION : 1 H 40 • MATÉRIEL : 1 SORBETIÈRE

12 figues ❧ **POUR LE PÂTE SABLÉE** 200 g de farine / 80 g de sucre / 90 g de beurre / 3 g de sel / 1 œuf ❧ **POUR LA CRÈME DE NOIX** 50 g de beurre / 50 g de sucre / 50 g de noix / 1 jaune d'œuf ❧ **POUR LA NOUGATINE** 50 g de sucre / 1 cuillerée à soupe de glucose / 60 g de noix décortiquées ❧ **POUR LA CRÈME ANGLAISE** 50 cl de lait / 5 jaunes d'œufs / 25 g de sucre / 125 g de crème fleurette / 2 cl de vin de noix / 50 g de nougatine de noix ❧ **POUR LE JUS DE FIGUES** 50 g de sucre / 25 cl d'eau / 250 g de figues / 1 cuillerée à soupe de vin de noix

❧ *La pâte sablée*

Amalgamer rapidement tous les ingrédients à l'aide d'un robot. Rassembler en boule, envelopper dans un film alimentaire et garder au réfrigérateur.

❧ *La crème de noix*

Sécher les noix au four 15 minutes à 160 °C (th. 5) puis les mixer en poudre. Avec une spatule, ramollir le beurre en pommade, ajouter le sucre, les noix et le jaune d'œuf. Mélanger.

❧ *La nougatine*

Cuire le sucre et le glucose pour avoir un caramel clair, ajouter les noix concassées, étaler la préparation sur une plaque huilée, laisser refroidir, concasser et briser avec un rouleau à pâtisserie.

❧ *La crème anglaise*

Faire bouillir le lait. Dans un récipient, fouetter les jaunes d'œufs et le sucre jusqu'à ce que le mélange blanchisse, verser dessus le lait tout en mélangeant. Reverser dans la casserole et cuire « à la nappe » (83 °C). Hors du feu, ajouter la crème. À froid, incorporer le vin de noix et la nougatine, turbiner dans votre sorbetière et garder au congélateur.

❧ *Le jus de figues*

Faire un caramel avec le sucre, le décuire avec l'eau, ajouter les figues coupées en quatre, porter à ébullition et poursuivre la cuisson, mixer, filtrer. Ajouter le vin de noix à froid.

❧ *La tarte*

Étaler la pâte, la déposer dans un moule beurré de 22 cm de diamètre, piquer la pâte avec une fourchette, étaler dessus la crème de noix, inciser d'une croix les figues et les disposer sur la crème en les ouvrant légèrement, badigeonner au pinceau avec le jus de figue, cuire 20 minutes à 180 °C (th. 6).

❧ *Pour servir*

Démouler la tarte tiède dans un plat, servir avec le jus de figue et la crème glacée dans des coupelles.

CONSEIL ❧ ***La nougatine se conserve bien dans une boîte hermétique ; la pâte sablée et la crème glacée peuvent être préparées à l'avance.***

sous-bois

La forêt ajoute encore à la diversité de l'Aveyron. Forêts de chênes, hêtres, châtaigniers où s'abritent une faune sauvage, cerfs, chevreuils, sangliers… et dont les sous-bois recèlent de trésors, champignons variés, châtaignes en abondance. Jusqu'aux portes du XXe siècle, la châtaigne fût pour l'homme une des bases de son alimentation, elle est aujourd'hui source d'inspiration pour une cuisine raffinée

A l'automne, les bois de châtaigniers du nord de l'Aveyron, du Ségala, des vallées du Viaur et du Tarn se revêtent rapidement d'or, alors qu'en altitude les forêts de hêtres de l'Aubrac et du Lévézou, se couvrent lentement de flamboyantes couleurs fauves et pourpres. Venant des hauts plateaux, en début d'automne, les cerfs rejoignent dans la forêt les hardes de femelles, alors le visiteur discret, immobile, guidé par le brame aura peut-être une chance de les frôler voire d'assister à l'affrontement des mâles... Tout près de Rodez, châtaigniers, chênes et sapins transforment la forêt des Palanges en une palette multicolore. Plus au sud, quelques chênes ponctuent d'éclats lumineux la forêt de pins sombres du Causse Noir.

Les châtaignes

Lorsque les bogues épineuses s'entrouvrent, c'est le moment de ramasser les châtaignes si abondantes en Aveyron. Un feu de cheminée où vous les ferez griller et toutes les saveurs et odeurs automnales vous envahiront. Dans le département, de nombreuses fêtes la célèbrent ; depuis une quarantaine d'années, celle de Sauveterre dans le Ségala est la plus importante. Au centre de cette bastide du XIIIe siècle qui figure parmi les « plus beaux villages de France », on boit du cidre doux, on danse et l'on se promène en famille sous les arcades, tout en se régalant de châtaignes chaudes.

Ci-contre : fouace et miel de châtaignier.

Autour de ce fruit d'automne, les recettes ne manquent pas : poêlée et bien assaisonnée, elle se marie avec le gibier, et plus particulièrement avec le perdreau. En dessert, le chocolat reste son meilleur ami, et les enfants, qui adorent toujours la légendaire crème de marrons, apprécieront la limonade à la châtaigne aux essences naturelles, créée par une brasserie de la vallée du Lot.
Pour se réchauffer, on la sert en soupe avec un cake de cèpes et potimarron [voir recette page 194], telle que Nicole l'a revisitée en souvenir de *lo bajanat* – cette soupe à base de châtaignes sèches mélangées à du lait qui constituait le principal repas dans les campagnes. À cette époque, les châtaigneraies de l'Aveyron occupaient plus de 50 000 ha. Leur exploitation séculaire a engendré une multitude de variétés, chacune bien adaptée aux différents terrains, nourrissant les hommes comme les bêtes, et fournissant du bois pour la construction et l'outillage. Depuis 1992, afin de préserver cette diversité l'Association Aveyron Conservatoire Régional du Châtaignier {ACRC} gère, pour le Conseil général du département, un verger conservatoire près de Rignac, où 150 arbres représentant une soixantaine de variétés locales ont été greffés. Parallèlement, 31 variétés sont observées *in situ*. La roussette, la corne de bœuf, la paquette, la pindolaide, la teillette, la dardalasse… font aujourd'hui l'objet de toutes les attentions.

Les champignons

Si les pluies d'été et d'automne sont au rendez-vous et si la lune est bonne, la recherche des champignons forestiers peut commencer… Le réseau mystérieux et souterrain du mycélium qui donnera naissance aux champignons met tous les ans en émoi nombre de cueilleurs amoureux de la nature. C'est le moment de s'enfoncer dans les sous-bois, chaussé de bottes, muni d'un bâton, d'un panier et d'un couteau. À vous cèpes, chanterelles grises, trompettes des morts, pieds-de-mouton ou girolles ! Comme on dit en Aveyron pour annoncer l'apparition de ces délicates nourritures sylvestres : « Ils naissent ! », mais ne comptez pas sur un ami pour vous indiquer dans quel coin.
Une partie du plaisir n'est-il pas aussi de partir tôt le matin dans la lumière filtrée des sous-bois, marcher dans la mousse humide à l'odeur

d'humus et découvrir enfin le champignon surgi d'un monde inconnu. Est-il besoin de rappeler que la cueillette des champignons est très réglementée ? Renseignez-vous auprès des gardes forestiers ou de l'ONF. En effet, le biotope des champignons est fragile, on risque de le détériorer et de mettre en péril les futures pousses en ne respectant pas les quotas et les jours de cueillette.

Le cèpe est le champignon par excellence, facile à reconnaître ; parmi les différentes espèces, le cèpe de Bordeaux {*Boletus edulis*} et le cèpe tête-de-nègre {*Boletus aerus*} sont les plus parfumés, donc les plus recherchés ; le cèpe des pins {*Boletus pinophilus*}, le plus montagnard, est aussi goûteux. Quant au cèpe d'été {*Boletus aestivalis*} qui ouvre la saison, c'est le plus sucré. Tous se cuisinent à l'huile d'olive avec une pointe d'ail et du persil.

La jolie girolle {*Cantharellus cibarius*}, à l'attrayante couleur jaune orangée, se plaît en Aveyron, particulièrement dans les sous-bois de châtaigniers. Bien ferme, elle accompagne parfaitement une viande. En omelette, elle aura toujours du succès et, conservée dans du vinaigre, elle est un condiment apprécié.

La chanterelle grise {*Cantharellus lutescens* et *Cantharellus tubiformis*} se plaît sur les souches et dans les sous-bois de conifères ; comme pour les trompettes des morts, on en fait de bonnes poêlées qui peuvent supporter un peu de crème fraîche.

Bon nombre d'**espèces de champignons** se ressemblent, et il est conseillé de ne jamais en consommer si vous n'êtes pas sûr de les avoir identifiés parfaitement. Au moindre doute, demandez conseil au pharmacien.

À gauche, en haut : cèpes. En bas : girolles.
À droite : chanterelles grises.

Soupe de châtaigne,
cake de potimarron aux cèpes

POUR 4 PERSONNES • PRÉPARATION : 30 MINUTES + TEMPS DE CUISSON DE LA SOUPE : 1 HEURE

MATÉRIEL : 1 DOUZAINE DE PETITS MOULES À CAKE {D'UN DIAMÈTRE 5 CM ET 2 CM DE HAUT, SI POSSIBLE}

❧ **POUR LA SOUPE DE CHÂTAIGNE** 350 g de châtaignes épluchées / 50 cl d'eau / 50 cl de lait / sel et poivre ❧ **POUR LE CAKE AU POTIMARRON ET AUX CÈPES** 50 d'oignons ciselés / 50 g de jambon de pays en dés / 100 g de cèpes en dés / 50 g de potimarron en dés / 125 g de farine / 5 g de levure chimique / 60 g de beurre fondu / 1 œuf entier / 1 jaune d'œuf / huile / 1 pincée de sel / poivre ❧ **POUR LA CRÈME AU CAFÉ** 80 g de crème fraîche / extrait de café {selon votre goût}

❧ *La soupe de châtaigne*
Faire cuire les châtaignes dans le lait et l'eau pendant 1 heure environ à feu doux et à couvert. Au terme de la cuisson, mixer et filtrer, assaisonner et garder au chaud.

❧ *Le cake au potimarron et aux cèpes*
Dans une poêle huilée, faire revenir les oignons ciselés, ajouter le jambon coupé en dés à feu doux. Faire sauter de la même façon les cèpes puis le potimarron.

Rassembler tous ces ingrédients, bien les égoutter. Laisser refroidir.

Ensuite, incorporer la farine, le sel, le poivre et la levure.

Battre le beurre fondu et les œufs et les ajouter au mélange précédent. Verser dans des petits moules et enfourner à 170 °C {th. 5-6} pendant 15 minutes.

❧ *La crème au café*
Fouetter la crème froide et la parfumer au café.

❧ *Pour servir*
Présenter la soupe dans des bols très chauds, poser dessus une quenelle de crème au café. Servir à part les petits cakes au potimarron et aux cèpes.

CONSEIL ❧ *Cette recette convient aussi parfaitement en petites portions servies en tant qu'amuse-bouche. Vous pouvez éventuellement utiliser des châtaignes surgelées ou bien faire griller des châtaignes dans un four à 180 °C {th. 6} et les éplucher.*

Soupe mousseuse de cèpes et feuilles d'épinard,
croustillant de cèpes aux noisettes

POUR 4 PERSONNES • PRÉPARATION : 45 MINUTES

200 g d'épinards / beurre ❧ **POUR LA SOUPE DE CÈPES** 100 g de cèpes / 50 cl d'eau / 20 g de pommes de terre / sel et poivre ❧ **POUR LA CRÈME DE NOISETTE** 1 échalote / 30 g de pain / 1 œuf / 30 g de crème / 80 g de poudre de noisette ❧ **POUR LES CROUSTILLANTS** 2 feuilles de brick / 1 jaune d'œuf / 200 g de cèpes / 50 g de crème fouettée / 1 cuillerée à café de sésame

❧ *La soupe de cèpes*

Nettoyer les cèpes, éplucher les queues avec un économe, essuyer les têtes et les queues avec un chiffon humide, séparer les têtes des queues et les émincer. Dans une poêle anti-adhésive huilée, faire sauter les cèpes à feu vif. Lorsqu'ils sont bien colorés, mouiller d'eau à hauteur, ajouter la pomme de terre épluchée et coupée en cubes. Cuire 40 minutes à feu doux, mixer, filtrer. Assaisonner.

❧ *La crème de noisette*

Ciseler l'échalote, la faire revenir dans du beurre. Mettre le pain à tremper dans le mélange œuf et crème légèrement battus. Mettre dans le mixeur tous ces ingrédients ainsi que la poudre de noisette. Mixer.

❧ *Les croustillants*

Nettoyer et émincer les cèpes. Les faire sauter dans une poêle huilée à feu vif. Détailler 4 bandes de 8 cm de largeur dans les feuilles de brick. Les badigeonner de jaune d'œuf à l'aide d'un pinceau. Sur une extrémité de chaque bande de brick, déposer une cuillerée de crème de noisette, ranger les cèpes dessus et plier en triangle sur deux couches de feuilles pour qu'elles soient plus croustillantes après la cuisson.
Fouetter la crème, et la mettre au frais. Torréfier les graines de sésame dans une poêle à sec, réserver.
Trier et laver les épinards.

❧ *Au dernier moment*

Dans une casserole faire fondre 30 g de beurre, ajouter les épinards, remuer jusqu'à ce que les épinards soient flétris, assaisonner.
Porter à ébullition la soupe de cèpes. Faire colorer sur les deux côtés les croustillants de cèpes dans une poêle antiadhésive huilée à feu doux.

❧ *Pour servir*

Déposer dans des assiettes à soupe chaudes les épinards, le croustillant dessus, une petite quenelle de crème fouettée sur chaque croustillant, parsemer de sésame. Présenter la soupe émulsionnée dans une verseuse et la servir devant les convives autour des croustillants.

CONSEIL ❧ *Cette recette permet d'utiliser de jolis cèpes pour les croustillants et des plus moussus pour la soupe qui gagnera en goût.*

Poêlée de pommes de terre et de girolles,
persil et crème fouettée au jambon

POUR 4 PERSONNES • PRÉPARATION : 30 MINUTES

600 g de petites pommes de terre {ou des grenailles} / 300 g de girolles fraîches / huile / beurre ❧ **POUR LA POUDRE DE JAMBON** 1 tranche de jambon de pays de 50 g / 50 g de crème ❧ **POUR LE COULIS DE PERSIL** 30 g de persil / 4 cl d'huile / 4 cl d'eau / sel et poivre

❧ *La poudre de jambon*

Faire cuire le jambon coupé en tranche fine au four 15 minutes à 180 °C {th. 6} : il doit être très sec mais pas brûlé. À la sortie du four, le mettre sur du papier absorbant. Le réduire en poudre à l'aide d'un mixeur. Fouetter la crème et incorporer le jambon en poudre. Réserver au frais.

❧ *Le coulis persil*

Équeuter et laver le persil, le mixer avec l'huile et l'eau, assaisonner.

Cuire les pommes de terre en robe des champs. Les éplucher, les faire sauter sur feu vif dans une poêle avec de l'huile et du beurre, les remuer de temps en temps, leur laisser prendre une belle coloration, assaisonner.
Nettoyer et laver rapidement les girolles.
Dans une poêle antiadhésive huilée, cuire les girolles sur feu vif, les assaisonner.

❧ *Au moment de servir*

Dans une casserole à feu doux, chauffer le coulis persil, le répartir dans 4 assiettes creuses, répartir harmonieusement les pommes de terre et les girolles, poser dessus une quenelle de crème fouettée au jambon.

CONSEIL ❧ *Utiliser une variété de pomme de terre à chair ferme.*

Autour d'un pain perdu aux cèpes,
une soupe de potimarron, crème de noisettes

POUR 4 PERSONNES • PRÉPARATION : 1 HEURE • MATÉRIEL : 4 CERCLES {DE 6,5 CM DE DIAMÈTRE, SI POSSIBLE}

200 g d'épinards / 120 g de cèpes {la tête, ferme et jolie} / 50 g de noisettes grillées et concassées **POUR LA FARCE** 25 g de beurre / 50 g d'échalote ciselée / 50 g de jambon de pays / 50 g de potimarron / 100 g de cèpes {le pied d'un cèpe} / 20 g de crème fleurette / huile **POUR LA SOUPE DE POTIMARRON** 40 g de beurre / 300 g de potimarron / 75 cl d'eau / 50 g de crème / sel et poivre **POUR LA CRÈME DE NOISETTE** 6 cl de lait / 60 g de crème / 2 cl d'huile de noisettes **POUR LE PAIN DE MIE** 2 jaunes d'œuf / 8 cl de lait / 4 tranches de pain de mie {5 à 8 mm d'épaisseur, diamètre 6,5 cm, si possible} / beurre / sel et poivre

La farce
À feu doux, faire revenir dans du beurre les échalotes, ajouter le jambon en dés. Faire sauter rapidement dans une poêle antiadhésive huilée le potimarron en dés. Faire sauter rapidement dans une poêle antiadhésive huilée le cèpe en dés. Rassembler ces 4 ingrédients, mixer grossièrement et lier avec la crème. Réserver.

La soupe de potimarron
Faire fondre le beurre dans une casserole à feu doux, ajouter le potimarron en cubes, faire suer sans coloration et ajouter l'eau ; laissez cuire 30 minutes à frémissement à couvert, ajouter la crème, mixer, filtrer, rectifier la consistance et l'assaisonnement. Garder au chaud.

La crème de noisette
Faire bouillir le lait et la crème, ajouter l'huile, assaisonner et émulsionner. Laver et équeuter les épinards. Faire chauffer un peu d'eau et de beurre assaisonnés. Faire revenir les épinards quelques minutes et réserver.

Le pain de mie
Mélanger les jaunes et le lait. Imbiber les tranches dans ce mélange. Les faire dorer sur les deux faces dans du beurre mousseux à feu doux. Les déposer sur du papier absorbant.

Pour le montage des pains perdus
Couper les têtes de cèpes en tranches de 2 ou 3 mm d'épaisseur. Déposer au fond des cercles les pains perdus, répartir la farce, bien tasser, et placer dessus des tranches de cèpes.

Au dernier moment
Faire colorer à feu vif les pains perdus côté cèpes. Retourner dans un plat et enfourner pendant 15 minutes à 80 °C {th. 2-3}.

Pour servir
Répartir les épinards dans 4 assiettes creuses et chaudes, les pains perdus dessus, verser un cordon de crème émulsionnée autour, parsemer de noisettes. Verser la soupe dans une théière et la servir autour des pains perdus.

Craquant de cèpes à la crème d'ail,
coulis de persil

POUR 4 PERSONNES • PRÉPARATION : 45 MINUTES • MATÉRIEL : 1 ROBOT

1 kg de cèpes / 200 g d'épinards ❧ **POUR L'ESSENCE D'AIL** 25 cl de vin blanc sec / 5 gousses d'ail hachées ❧ **POUR LA PÂTE À CRAQUANT** 35 g de beurre / 65 g de farine / 1 blanc d'œuf / 4 cuillerées à soupe d'essence d'ail / sel ❧ **POUR LE COULIS DE PERSIL** 50 g de feuilles de persil / 40 g d'huile de pépins de raisin / 4 cl d'eau tiède / sel **POUR LA CRÈME D'AIL** 15 g d'ail / 60 g de pomme de terre / 50 g de crème fraîche / sel et poivre

❧ *L'essence d'ail*

Dans une casserole, porter à ébullition le vin blanc, le verser dans un bocal sur l'ail haché, fermer et laisser infuser. Cette essence se garde très longtemps au frais et peut donc être réalisée à l'avance.

❧ *La pâte à craquant*

Faire fondre le beurre. Mélanger dans un saladier la farine, le blanc d'œuf, l'essence d'ail, le beurre fondu et une pincée de sel ; laisser reposer 15 minutes environ au frais.

Dans un carton ou un plastique fin, tailler un pochoir carré de 9 cm de côté environ. Sur une plaque allant au four couverte d'une feuille en silicone, étaler la pâte le plus finement possible à l'aide d'une spatule et du pochoir pour réaliser 12 craquants.

Cuire à 170 °C {th. 5-6} pendant 15 minutes environ. Les craquants doivent avoir une jolie couleur dorée.

❧ *Le coulis de persil*

Équeuter et laver le persil, le mixer avec l'huile et l'eau, assaisonner, filtrer.

❧ *La crème d'ail*

Éplucher l'ail et la pomme de terre, les cuire ensemble comme pour une purée. Au terme de la cuisson, écraser à l'aide d'un tamis, ajouter la crème fraîche, assaisonner. La purée doit être légèrement liquide et lisse. Garder au chaud.

Nettoyer les cèpes et les émincer en lamelles de 3 mm d'épaisseur. Les faire sauter vivement dans une poêle avec de l'huile très chaude. Assaisonner.

Équeuter et laver les épinards. Les faire cuire au beurre au dernier moment.

❧ *Pour servir*

Dans 4 assiettes carrées chaudes, répartir les épinards bien égouttés, déposer une première couche de cèpes, un peu de crème d'ail, un craquant, et renouveler l'opération ;

Finir par un craquant ; mettre un cordon de coulis persil.

Attention ! Il est important de monter ces craquants très rapidement au moment de servir pour qu'ils soient bien croustillants.

CONSEIL ❧ *Réalisez un gabarit pour faire des craquants réguliers. Les craquants peuvent être préparés à l'avance et stockés dans une boîte hermétique dans un lieu sec.*

Tarte aux châtaignes et au chocolat

POUR 4 PERSONNES • PRÉPARATION : 45 MINUTES • MATÉRIEL : 1 MOULE À TARTE {DE 18 CM DE DIAMÈTRE, SI POSSIBLE}

12 châtaignes ❧ **POUR LA PÂTE SUCRÉE** 125 g de farine / 60 g de poudre d'amandes / 55 g de sucre glace / 75 g de beurre / 1 jaune d'œuf ❧ **POUR LA GANACHE CHOCOLAT** 150 g de chocolat / 100 g de beurre / 1 œuf / 2 jaunes d'œufs / 30 g de sucre ❧ **POUR LE DÉCOR** 100 g de sucre semoule / 4 châtaignes / sucre glace

Faire cuire les châtaignes au four à 180 °C {th. 6} durant 1 heure, les éplucher ensuite.

❧ *La pâte sucrée*

Dans un grand saladier, mélanger la farine, la poudre d'amandes et le sucre glace ; ajouter le beurre dur en petits morceaux et sabler la pâte du bout des doigts, incorporer pour finir le jaune d'œuf. Ramasser en boule et la garder au frais 15 minutes.

Étaler la pâte sucrée à l'aide d'un rouleau à pâtisserie, et la mettre dans le plat à tarte, recouvrir le tout d'une feuille papier sulfurisé et disposer dessus des haricots en grains pour éviter le développement et le rétrécissement de la pâte. Cuire au four durant 15 minutes à 160 °C {th. 5-6}.

❧ *La ganache chocolat*

Faire fondre le chocolat cassé en petits morceaux avec le beurre au bain-marie, puis ajouter l'œuf, les jaunes d'œufs et le sucre, bien mélanger.

❧ *Le décor*

Enfoncer chacune des châtaignes sur des petites piques en bois. Faire un caramel clair à feu doux avec le sucre, arrêter la cuisson en trempant le fond de la casserole dans un récipient d'eau froide, l'enlever. Plonger les châtaignes dans le caramel, soulever et attendre le complet refroidissement de la châtaigne tête en bas, ainsi vous obtiendrez un filet de caramel en prolongement de la châtaigne.

❧ *Au dernier moment*

Déposer sur le fond de la tarte les châtaignes cuites et épluchées, les couvrir de ganache et enfourner 15 minutes à 160 °C {th. 5-6}. Laisser refroidir à température ambiante.

❧ *Pour servir*

Démoule la tarte sur un plat de service, saupoudrer de sucre glace et décorer avec les châtaignes au caramel.

CONSEIL ❧ *Si vous n'avez pas de châtaignes fraîches, vous pouvez utiliser des châtaignes surgelées ou sous-vide.*

eaux vives & lacs

L'**eau** a sculpté les paysages de l'Aveyron. Elle est parfois très présente comme dans les **lacs** du Lévézou, ou encore dans les **étangs** du Ségala. Elle peut se faire plus discrète, comme dans les **rivières souterraines** des causses ou dans les vallées qu'elle a elle-même creusées. La diversité et la richesse de ces eaux font du département un lieu très apprécié des pêcheurs.

Quel cadeau pour les passionnés de nature et, bien sûr, pour les amateurs de pêche que de vivre, ou de simplement séjourner, dans un département riche de 8 700 km de rivières et de lacs si nombreux.
Dans le nord de l'Aveyron, sur la Truyère et la Selves se succèdent des retenues, formant des lacs dont l'un des plus important est celui de Sarrans, 1 000 ha dont 600 en Aveyron, qui participe à la beauté du paysage sauvage. Ses berges boisées sont difficiles d'accès ; il faut partir en bateau de la presqu'île de Laussac pour y « taquiner » le brochet, la truite, le sandre, la perche, la tanche et la carpe. De surface plus modeste, les lacs de Maury {167 ha}, Couesque {65 ha}, Montézic {230 ha} et Touluch {50 ha} sont eux aussi d'intéressants sites aménagés pour la pêche.
En Aubrac, la truite se pêche dans les eaux claires et vives des boraldes, ces ruisseaux qui prennent naissance en altitude, grossissent dans des vallées étroites et profondes pour devenir torrents, avec parfois des cascades ou des gouffres, et viennent se jeter dans le Lot. Les plus importantes sont les boraldes de Flaujac et de Saint-Chély : pêche sportive assurée pour de belles truites. Dans tout le nord du département, les truites sauvages ont gardé un goût incomparable : à vous de les cuisiner selon votre humeur, au bleu, au lard ou au roquefort…

Sur le Lot, *Olt* en occitan, le lac de Castelnau-Lassouts ou lac de Saint-Geniez {218 ha}, alimenté par les eaux vives de trois ruisseaux de l'Aubrac, est richement peuplé de sandres, brochets, perches dus à

l'abondance et à la vivacité des petits poissons. Ce qui fait de ce lac un endroit réputé auprès des grands amateurs de pêche, venant parfois de loin.
On peut découvrir des lieux favorables à la pêche en suivant le Lot aveyronnais, depuis Saint-Laurent-d'Olt, Saint-Geniez-d'Olt, Espalion, Estaing, le lac de Golinhac, Entraygues-sur-Truyère, Livinhac, Capdenac... jusqu'à la limite du département. Cette agréable rivière au lit tapissé de galets, parfois serpentant dans d'étroites vallées, reste un domaine privilégié pour la pêche en famille.
Ensuite, bien évidemment, on pense à la façon d'accommoder ces truites, brochets, petits poissons blancs... Étrangement, venant du bassin de Decazeville, perdure une spécialité culinaire à base d'un poisson de mer séché, le stockfish – mot anglicisé du norvégien stockkfisk {poisson-bâton}.

Le stockfish

Importé de Norvège, ce cabillaud, une fois vidé est séché, suspendu en plein air sur des claies en bois, pendant des mois dans le froid des îles Lofoten, il perd alors 70 % de son poids, jusqu'à devenir dur comme un bâton – d'où son nom *stockfish* – tout en conservant ses principaux éléments nutritifs.
Comment le stockfish est-il arrivé en Aveyron, département continental s'il en est, où il est devenu un mets familier et apprécié, *estofi* en occitan, voilà qui mérite quelque explication. On sait que pour les marins norvégiens, qui venaient s'approvisionner en sel dans le Bassin méditerranéen, le stockfish était, d'une part, la principale source de protéine, pratique à stocker durant de longs voyages, et d'autre part, une monnaie d'échange dans les ports. Les bateaux faisaient escale à Bordeaux, alors grand place de négoce de la morue et autres marchandises, là où les gabariers, ces mariniers avec leurs bateaux à fond plat {les gabares}, venaient échanger fromages, blé, merrain, charbon contre le stockfish, puis repartaient vers l'Aveyron, remontant le Lot. Une partie de ce poisson séché était mis à la traîne derrière les gabares, ce qui permettait, l'ayant réhydraté le temps du voyage, de le cuisiner à l'arrivée.
Les Aveyronnais l'ont adopté, en le mariant aux produits locaux pour inventer un grand plat traditionnel : l'estofinado. La pomme de terre,

les œufs, l'huile de noix, l'ail, le persil, et pour certains la crème ou le lait, accompagnent depuis, et fort bien, ce poisson des mers redevenu « comme frais ». Au XIXe siècle, ce plat bon marché convenait à la situation économique des ouvriers du bassin houiller de Decazeville qui en firent leur mets emblématique. Sa renommée gagna la région de Capdenac, les vallées du Lot et du Dourdou, ainsi que le canton de Villefranche-de-Rouergue, où il fut longtemps consommé le vendredi et lors des moissons. Ce plat comme certaines spécialités aveyronnaises se fera avec le temps une place lors de réunions festives. Et si Almont-les-Junies et Livinhac-le-Haut se disputent toujours sa paternité, il est un fait que l'estofinado s'est répandu au-delà de la vallée du Lot.
Depuis 1989, la Confrérie de l'Estofi se réunit à Decazeville et veille sur la qualité de cette spécialité rouergate. Assez facile à cuisiner, c'est un plat complet, et même réchauffé il garde toute sa saveur. L'estofi se trouve facilement sur les marchés et dans les épiceries de novembre jusqu'à Pâques. Il existe même une préparation lyophilisée.

La rivière Aveyron, traversant de part en part le département, nous fait le cadeau d'un florilège de paysages, passant de causses en vallées, de larges lits apaisés en gorges impétueuses, pour revenir à des eaux plus paisibles comme à Belcastel. C'est une agréable rivière où le pêcheur peut s'essayer à toutes les techniques pour traquer carpes, brochets, sandres… Les restaurants situés au bord de l'eau étaient réputés pour leurs fritures de goujons. À nouveau, les enfants peuvent pêcher ces petits vairons et goujons qui feront une excellente poêlée.

Le Viaur, cours d'eau torrentueux, est idéal pour s'initier à une pêche sportive à la truite. Après gorges et méandres, aux portes du Lévézou s'étire le lac de Pont-de-Salars {190 ha}, bordé de plages ou de sites plus tranquilles alors réservés aux pêcheurs de brochets, perches, carpes.

Sur l'affluent du Viaur, le Vioulou, s'étale le lac de Pareloup appelé « mer intérieure », vu sa superficie {1 200 ha} et ses 107 km de rivages. Dans ce lac immense se côtoient brochets imposants, perches, tanches, carpes, sandres et grosses écrevisses.

Une des façons de préparer l'estofinado
(recette pour 12 personnes)

Faire tremper le stockfish dans de l'eau fraîche pendant au minimum 6 jours, en renouvelant l'eau tous les jours. On compte 1 kg de stockfish sec pour 12 personnes, 12 œufs et 12 pommes de terre, 40 cl d'huile de noix. Cuire le poisson dans un court-bouillon jusqu'à ce que la chair se détache. Garder l'eau de cuisson. Égoutter, enlever la peau et les arêtes. Dans l'eau de cuisson, faire cuire les pommes de terre. Cuire 6 œufs durs. Dans un récipient au bain-marie, écraser les pommes de terre à la fourchette, ajouter un peu de crème fraîche, mélanger le poisson, l'ail, le persil et les œufs durs découpés, puis verser un peu d'huile de noix chaude, remuer le tout, enfin ajouter en alternant petit à petit les 6 œufs frais battus et l'huile chaude restante, saler et poivrer.

Sur le Tarn aveyronnais, après les raspes de schistes sombres, ces défilés sauvages encaissés, s'enchaînent lacs et réserves d'eau tout particulièrement aménagés pour une bonne pêche jusqu'au lac de Croux {100 ha}, un des plus agréables lieux de pêche aux berges bien aménagées. Sur l'un de ces affluents, l'Alrance, le lac de Villefranche-de-Panat {192 ha} est aussi reconnu comme un bel espace de pêche entouré de douces collines.

Les poissons d'élevage

Tous les gourmands ne sont pas pêcheurs. Sur le Durzon, affluent de la Dourbie, près de Nant, l'eau pure d'une source provenant d'une magnifique résurgence des eaux du Larzac alimente directement et en permanence les 6 000 m² de bassins d'une pisciculture biologique. Dans cet élevage où sont exclues les farines animales, remplacées par des farines végétales et céréales sans OGM, les truites fario, les truites arc-en-ciel et les saumons de fontaine qui s'en nourrissent gardent les mêmes qualités que s'ils provenaient d'un environnement naturel, et peuvent être proposés sur les marchés et aux restaurateurs avec le label Bio.

Stockfish
de l'année
1KG
36,8
Par 2
1KG

Sauté d'écrevisses

aux feuilles de blettes et aux graines de cardamome

POUR 4 PERSONNES • PRÉPARATION : 45 MINUTES

1 kg d'écrevisses / 200 g de feuilles de blettes / 30 g de beurre / huile / sel et poivre ❧ **POUR LE BOUILLON D'ÉCREVISSES** 1 carotte / 1 oignon / 1 poireau / 1 bouquet garni / 1 tomate mûre / 50 g de crème fleurette / 3 gousses de cardamome / huile

Ébouillanter les écrevisses 15 secondes dans de l'eau bouillante. Les égoutter et les rafraîchir dans de l'eau froide. Séparer la tête de la queue. Les châtrer (enlever le boyau intestinal dont l'extrémité peut se saisir sous la queue) et décortiquer les queues.

❧ ***Le bouillon***

Dans une sauteuse, verser 2 cuillerées à soupe d'huile, ajouter les coffres des écrevisses écrasés, faire suer, puis incorporer la garniture aromatique (carotte, oignon, poireau, bouquet garni et tomate entiers). Verser de l'eau à hauteur et cuire 30 minutes environ à feu doux. Filtrer, ajouter la crème et les graines des gousses de cardamome. Faire réduire à feu doux (il faut obtenir environ 10 cl de bouillon). Assaisonner et garder au chaud.

❧ ***La cuisson des écrevisses***

Dans une poêle antiadhésive, mettre une noisette de beurre et 1 cuillerée à soupe d'huile, faire chauffer à feu vif, déposer les queues d'écrevisses décortiquées, faire sauter rapidement, ajouter les feuilles de blettes et remuer quelques instants. Verser dessus le bouillon chaud. Servir rapidement.

❧ ***Pour servir***

Répartir les écrevisses, les feuilles de blettes et le bouillon très chaud dans 4 assiettes creuses chaudes.

CONSEIL ❧ *Vous pouvez accompagner ce plat de champignons (girolles, rosés des prés...).*

Friture de goujons

C'était un des plats emblématiques de notre maison. Jusqu'au milieu des années 1980, toutes les auberges le long de la vallée de l'Aveyron proposaient des fritures de goujons. Contrairement aux autres poissons qui pouvaient être pêchés au filet, les goujons s'attrapent un à un à la ligne. Un retraité des mines de Carmaux, Elie Pons, passionné par cette pêche et qui vivait chez nous, était le fournisseur de notre maison. On trouve toujours des goujons dans l'Aveyron, mais ils se sont nettement raréfiés.

POUR 4 PERSONNES • PRÉPARATION : 30 MINUTES

1 dizaine de goujons par personne / 1 petit bouquet de persil plat / 1 gousse ail / 100 g de lard gras / huile / sel et poivre

À l'aide d'une paire de ciseaux, vider les goujons, leur laisser la tête, les laver et les essuyer. Effeuiller, laver et hacher le persil plat, éplucher et hacher l'ail.

Faire chauffer un peu d'huile à feu vif, et faire fondre le lard gras (mettre suffisamment de matière grasse). Lorsque la matière grasse est bien chaude, y déposer les goujons, au bout de quelques minutes les retourner et finir la cuisson des goujons afin qu'ils soient bien dorés.

Pour servir

Au terme de la cuisson, les disposer sur un plat de service, parsemer d'ail et de persil, arroser légèrement avec le gras de cuisson chaud pour qu'il rende l'ail et le persil bien croustillants. Déguster aussitôt très chaud.

CONSEIL *Se lever de bonne heure pour pouvoir avoir une bonne friture. Choisir une poêle suffisamment grande pour que les goujons soient bien étalés les uns à côté des autres.*

Filets de truite fario au bleu des Causses,
vin de noix réduit et petit épeautre

❧

Chaque année, à la Saint-Jean (le 24 juin), nous faisons notre vin de noix. Voici notre recette : cueillir 40 noix vertes, les couper en quatre, les mettre à macérer avec 1 litre d'alcool de fruits et 5 litres de vin rouge. Au bout de 40 jours minimum, ajouter 1kg de sucre en poudre, diluer et filtrer (cette opération doit avoir lieu impérativement à la lune descendante). C'est un excellent apéritif.

POUR 4 PERSONNES • PRÉPARATION : 1 H 30

10 cl de vin de noix / 200 g d'épinards / 50 g de beurre ❧ **POUR LES TRUITES** 4 truites fario de 200 g environ / 50 g de beurre ❧ **PETIT ÉPEAUTRE** 1 échalote / 40 g de beurre / 120 g de petit épeautre en grains 1 bouquet garni / sel ❧ **CRÈME AU BLEU DES CAUSSES** 100 g de crème liquide / 25 g de bleu des Causses

❧ *Les filets de truite*
Retirer les arêtes des filets . Garder au frais.

❧ *Le vin de noix*
Dans une petite casserole, sur feu doux, faire réduire le vin de noix jusqu'à une consistance sirupeuse.

❧ *Le petit épeautre*
Éplucher et ciseler finement l'échalote, la faire revenir dans le beurre, verser le petit épeautre et ajouter deux fois et demi son volume en eau. Ajouter le bouquet garni, du sel et cuire à couvert sur feu doux pendant 45 minutes environ. Le liquide doit complètement être absorbé. Réserver au chaud.

❧ *La crème au bleu des Causses*
Mettre la crème liquide et le bleu des Causses dans une petite casserole, faire bouillir doucement et réduire de moitié, filtrer. Garder au chaud.

❧ *Les filets de truite*
Dans une poêle antiadhésive, à feu doux, faire fondre le beurre. Lorsqu'il devient mousseux, poser les truites côté peau et cuire doucement, assaisonner légèrement. Lorsque la peau est croustillante, retourner les poissons et retirer la poêle du feu, la chair de la truite ne supporte pas un excès de cuisson.

Pendant ce temps, trier et laver les épinards. Dans une autre poêle, faire fondre le beurre et les épinards, mélanger quelques instants, assaisonner le tout.

❧ *Pour servir*
Sur des assiettes chaudes, verser une ou deux cuillerées de crème bleu des Causses réduite, tracer des traits avec le vin de noix réduit, parsemer l'assiette de petit épeautre, déposer dessus harmonieusement 2 filets de truite par personne.

CONSEIL ❧ *Demandez à votre poissonnier de lever les filets des truites.*

Paupiette de truite fario du Larzac
farcie au chou de printemps, beurre fondu à la livèche

POUR 4 PERSONNES • PRÉPARATION : 1 HEURE

MATÉRIEL : MATÉRIEL POUR UNE CUISSON VAPEUR + 1 ROBOT COUPE + FICELLE DE CUISINE

1 truite fario de 1,2 kg environ / 1 chou cœur de bœuf (un chou frisé peut convenir) **POUR LA FARCE** 30 g d'échalotes / 20 g de beurre / 50 g de jambon de pays / 100 g de chou blanchi **POUR LA MOUSSELINE** 40 g de chair de truite / 40 g de crème fleurette / sel et poivre **POUR LE BEURRE FONDU** 1 jus de citron / 80 g de beurre / quelques feuilles de livèche (ou céleri)

Détailler chaque filet de truite en 2 parts, parer ces 4 morceaux de manière à obtenir 4 parts rectangulaires en gardant la partie la plus épaisse (les parures serviront pour faire la mousseline).

La farce
Dans une sauteuse, à feu doux, faire revenir l'échalote ciselée dans un peu de beurre, ajouter le jambon coupé en tous petits dés et le chou émincé, blanchi et bien essoré.

La mousseline
Mixer à l'aide d'un robot la chair de truite, ajouter la crème et le sel et mixer de nouveau rapidement. Ajouter la farce, rectifier l'assaisonnement, laisser bien refroidir au réfrigérateur.

La confection des paupiettes
Effeuiller le chou, enlever les côtes et faire cuire les feuilles à grande eau bouillante salée, les tenir croquantes, rafraîchir. Les étaler sur un torchon. Prendre les plus belles feuilles de chou, éventuellement en faire chevaucher deux. Étaler la farce dessus, déposer ensuite les filets de truite, les assaisonner, replier les feuilles de chou et rouler de manière à obtenir une paupiette, ficeler.

Le beurre fondu
Verser le jus de citron dans une casserole, saler, poivrer, ajouter le beurre, faire fondre à feu doux et ajouter les feuilles de livèche ciselées, laisser infuser. Garder au chaud.

Faire cuire les paupiettes à la vapeur durant 8 minutes (les retourner à mi-cuisson).

Pour servir
Servir avec le beurre de livèche. Pour la présentation, vous pouvez découper les paupiettes en deux, de biais.

CONSEIL *Faites lever le filet de truite par votre poissonnier. Si vous ne trouvez pas de truite fario, vous pouvez utiliser de l'omble chevalier ou à défaut de la truite.*

Filets de sandre poêlés, crumble de pain de noix, haricots cocos et « sweet banana » à l'huile de noix et au romarin

POUR 4 PERSONNES • PRÉPARATION : 1 HEURE • MATÉRIEL : 1 MIXEUR

❧ **POUR LE CRUMBLE** 50 g de pain de noix séché / 25 g de farine / 25 g de beurre en pommade ❧ **POUR LE LAIT AU ROMARIN** 1 branche de romarin / 10 cl de lait / 5 cl d'huile de pépins de raisin / 5 cl d'huile de noix / sel et poivre ❧ **POUR LES LÉGUMES** 200 g de haricots cocos / 1 carotte / ½ oignon piqué d'1 clou de girofle / 1 bulbe de fenouil / 1 échalote / 2 cuillerées à soupe d'huile d'olive / quelques graines de coriandre / le jus d' ½ citron / 1 bouquet garni / 2 poivrons « sweet banana » rouges (facultatif) / sel et poivre ❧ **POUR LE SANDRE** 1 sandre de 1,2 kg environ / huile / beurre

❧ *Le crumble*

Mixer grossièrement le pain de noix, ajouter la farine et le beurre en pommade, amalgamer l'ensemble. Étaler sur une plaque et cuire 20 minutes à 160 °C (th. 5-6). Égrener après refroidissement.

❧ *Le lait au romarin*

Dans une casserole, mettre à infuser le romarin dans le lait. Faire bouillir, laisser infuser 30 minutes à couvert. Filtrer, ajouter les huiles, assaisonner.

❧ *Les légumes*

Cuire 30 minutes environ dans une sauteuse les haricots cocos avec la carotte, l'oignon et de l'eau froide à hauteur, assaisonner. Au terme de la cuisson, les réserver dans leur bouillon.

Nettoyer et couper le fenouil en 8 tranches. Dans une casserole, à feu doux, faire revenir l'échalote ciselée dans 2 cuillerées à soupe d'huile d'olive, ajouter la coriandre, le jus de citron, un bouquet garni, verser 25 cl d'eau, faire bouillir, assaisonner, mettre les tranches de fenouil à cuire 5 à 10 minutes, les tenir croquantes. Garder le bouillon. Piquer les poivrons, les passer sous une flamme sur toute la surface, enlever la peau bien noircie en la frottant sous un filet d'eau, fendre en deux, enlever les graines. Dans une poêle antiadhésive, verser un peu d'huile et les faire colorer légèrement à feu doux sur les deux faces.

❧ *Le sandre*

Détailler et parer les filets de sandre en 4 portions. Sur feu vif, déposer les filets assaisonnés dans une poêle antiadhésive beurrée et huilée, côté peau en premier, retourner pour finir la cuisson à feu très doux (prévoir 2 à 3 minutes sur chaque face).

❧ *Pour servir*

Dans les assiettes creuses, déposer les fenouils et les haricots cocos, mettre 2 cuillerées à soupe du bouillon de fenouil, saupoudrer le poisson de crumble et le déposer dans les assiettes. Émulsionner le lait et en verser autour, décorer avec le poivron et un brin de romarin.

CONSEIL ❧ *Faites lever les filets du sandre par votre poissonnier.*

Saumon de fontaine bio du Larzac étuvé au four, lait infusé de verveine, petits pois et chou de printemps

POUR 4 PERSONNES • PRÉPARATION : 45 MINUTES

1 kg de saumon de fontaine bio du Larzac / quelques feuilles de chou cœur de bœuf / 300 g de petits pois / 50 g de beurre / feuilles de verveine fraîche / fleur de sel ☙ **POUR LE LAIT INFUSÉ DE VERVEINE** 10 cl de lait / 10 feuilles de verveine fraîche / sel et poivre ☙ **POUR LA SAUCE AU CITRON** 2 citrons / sucre / 20 g d'huile d'olive / 2 cuillerées à soupe de crème fraîche

Couper les filets de saumon en 4 parts égales. Effeuiller le chou et écosser les petits pois. Cuire à grande eau bouillante salée les petits pois, les rafraîchir à l'eau. Cuire de la même façon le chou.

☙ *Le lait infusé de verveine*

Faire bouillir le lait, l'assaisonner et mettre à infuser les feuilles de verveine à couvert une demi-heure environ, puis mixer et filtrer. Pour obtenir une couleur légèrement plus verte, il est possible d'ajouter une ou deux gouttes de colorant vert.

☙ *La sauce au citron*

Éplucher à vif les citrons, lever les suprêmes. Les mettre dans une casserole, récupérer le jus, ajouter du sucre (1/3 du poids du jus de citron), cuire doucement, filtrer, ajouter l'huile, émulsionner.

☙ *Le saumon*

Beurrer une plaque allant au four, y déposer les morceaux de poisson, assaisonner. Cuire à 60 °C (th. 2) 20 minutes dans une atmosphère humide en mettant à côté du saumon un récipient rempli d'eau.

Réchauffer les petits pois et le chou quelques instants avec un peu de beurre et d'eau, vérifier l'assaisonnement. Maintenir au chaud.

Chauffer sur feu doux la sauce citron et ajouter la crème fraîche. Faire bouillir le lait de verveine, émulsionner.

☙ *Pour servir*

Dans des assiettes creuses, répartir la sauce citron, déposer les petits pois, poser dessus le saumon sans la peau, saupoudrer d'un peu de fleur de sel, recouvrir légèrement avec les feuilles de chou, arroser avec l'infusion émulsionnée. Décorer avec des feuilles de verveine fraîche.

Cette recette peut être réalisée aussi avec une sauce aux morilles

- 200 g de morilles fraîches (ou 40 g de morilles séchées, à faire tremper)
- 50 g d'échalotes
- 50 g de beurre
- 100 g de jus de volaille
- 100 g de crème fleurette

Éplucher et ciseler les échalotes, les faire suer dans le beurre sur feu doux, ajouter les morilles, faire suer de nouveau quelques instants, ajouter le fond de volaille et la crème, réduire, émulsionner.

L'accompagnement chou vert et petits pois peut rester le même.

CONSEIL ☙ *Faites lever et parer les filets de saumon par votre poissonnier.*

Soupe de morue et pommes de terre écrasées, jaune d'œuf et huile de noix, cabillaud étuvé au four et tuile au Laguiole

POUR 4 PERSONNES • PRÉPARATION : 1 HEURE

300 g de cabillaud / 200 g d'épinards / 30 g d'huile de noix / 1 jaune d'œuf / beurre / sel et poivre **POUR LA SOUPE DE MORUE** 400 g de morue dessalée / 1 carotte / 1 poireau / 1 oignon / 1 gousse d'ail / 1 bouquet garni / 100 g de pommes de terre à chair blanche / huile **PURÉE DE POMMES DE TERRE** 400 g de pommes de terre à chair blanche / 10 cl de lait / 100 g de beurre / sel et poivre **TUILES AU LAGUIOLE** 50 g de laguiole finement râpé / 1 pincée de farine

La soupe de morue

Éplucher et couper la carotte, le poireau, l'oignon et l'ail. Couper la morue en morceaux, la faire suer dans une casserole avec de l'huile sur feu vif, ajouter les légumes et le bouquet garni, bien remuer puis verser 1 l d'eau, ajouter les pommes de terre épluchées et coupées. Cuire 1 heure sur feu doux à couvert. Mixer, filtrer, rectifier l'assaisonnement et la consistance. Vous devez obtenir 50 cl de soupe.

La purée de pommes de terre

Éplucher et cuire les pommes de terre sur feu vif dans une grande casserole, départ à l'eau froide salée. Au terme de la cuisson, les égoutter, les passer au tamis, ajouter le lait et le beurre. Vérifier l'assaisonnement, maintenir au chaud.

Le cabillaud

Faire cuire le cabillaud assaisonné au four sur une plaque beurrée à 70 °C (th. 2-3) pendant 15 minutes environ, l'humecter avec de l'eau pour éviter son dessèchement.

Dans un bol, mélanger l'huile et le jaune d'œuf avec un petit fouet ou une fourchette.

Les tuiles au laguiole

Mélanger le fromage finement râpé avec la farine, l'étaler en 4 disques fins et réguliers sur une plaque couverte d'une feuille en silicone, cuire au four position gril quelques minutes jusqu'à ce que les tuiles soient d'une jolie couleur dorée. Laisser refroidir et décoller les tuiles.

Équeuter et laver les épinards. Dans une casserole, faire fondre un peu de beurre à feu doux, ajouter les épinards, les faire cuire légèrement, assaisonner.

Pour servir

Dans les assiettes creuses chaudes, répartir les épinards, poser une quenelle de purée, surmonter du cabillaud, arroser l'ensemble avec l'huile de noix et jaune d'œuf. Verser la soupe de morue à part dans une verseuse.

CONSEIL *Si vous achetez la morue salée, faites-la dessaler pendant 12 heures sous un filet d'eau froide.*

Filets de brochet rôti au lard,

lentilles en vinaigrette genièvre-orange effeuillé de choux de Bruxelles

POUR 4 PERSONNES • PRÉPARATION : 1 HEURE + TEMPS DE CUISSON : 1 HEURE

200 g de choux de Bruxelles / sel ❧ **POUR LES LENTILLES** 150 g de lentilles / 1 carotte / 1 oignon / 1 bouquet garni / sel ❧ **POUR LE BROCHET** 1 brochet de 1 kg (ou 4 parts de 150 g chacune) / 4 tranches fines de poitrine de porc salée de 22 cm de long et 2 cm de large (environ) / sel et poivre ❧ **POUR LE VINAIGRETTE AU GENIÈVRE** ½ orange / 200 g de tomate (soit 1 ou 2 tomates) / 50 g de dés de jambon de pays / 1 petit bouquet de ciboulette / 1 cuillerée à soupe de vinaigre de vin / 1 ou 2 grains de genièvre concassés finement / 2 cuillerées à soupe d'huile d'olive

❧ *Les lentilles*

Dans une casserole avec de l'eau (2 fois à 2 fois ½ la quantité de lentilles) et la garniture aromatique, cuire les lentilles 30 minutes à feu doux avec un peu de sel. Au terme de la cuisson les égoutter, enlever la garniture, laisser refroidir.

Creuser les trognons et effeuiller les choux, les cuire rapidement à grande eau bouillante salée 30 secondes à 1 minute. Les rafraîchir sous l'eau froide et les égoutter.

❧ *La vinaigrette au genièvre*

Prélever et couper en cubes le zeste. Le blanchir, départ à l'eau froide, porter à ébullition, rafraîchir, renouveler l'opération 3 fois et égoutter. Tremper quelques secondes la tomate dans de l'eau bouillante, puis la rafraîchir, l'éplucher, l'épépiner et la couper en petits cubes, mettre à égoutter dans une passoire posée sur un récipient. Rassembler les dés de tomate, de jambon, de zeste d'orange, la ciboulette ciselée, le vinaigre, le genièvre et l'huile. Bien mélanger le tout.

❧ *Le brochet*

Supprimer les arêtes en incisant chaque filet dans la longueur. Les enlever en s'aidant d'une pince à épiler.

Détailler en 4 parts et rouler chaque morceau en forme de cylindre, les entourer de la barde de poitrine ; traverser le morceau avec une pique en bois pour tenir la poitrine. Assaisonner.

Dans une poêle à feu vif, faire rissoler avec un peu d'huile de tous les côtés les morceaux de brochet et finir la cuisson au four 10 minutes à 100 °C (th. 3). Garder au chaud.

❧ *Pour servir*

Au centre des assiettes rondes froides, répartir les lentilles, arroser avec la vinaigrette et déposer le brochet dessus, disposer tout autour les feuilles de choux de Bruxelles froides.

C'est un mélange chaud froid très agréable.

CONSEIL ❧ *Faites lever les filets de brochet par votre poissonnier.*

Carnet d'adresses

Ce carnet d'adresses ne prétend pas donner une liste exhaustive des producteurs de qualité en Aveyron. Il s'agit des adresses connues des auteurs de ce livre. N'hésitez pas à faire parvenir à l'éditeur vos propres bonnes adresses afin de contribuer à l'enrichissement des prochaines éditions.

Boucheries et charcuteries

BOUCHERIE AZÉMAR
5, rue Neuve - 12000 Rodez
Tél. : 05.65.68.04.93
Un grand choix et du bon carpaccio de bœuf.

BOUCHERIE ÉDOUARD BIBAL
Tour de ville -12330 Marcillac
Tél. : 05.65.71.72.28
Du porc fermier, fritons et très bon jambon blanc maison.

RAYMOND BLANQUET
18, place du Bourg -12000 Rodez
Tél. : 05.65.68.03.19
Viande de qualité et une très bonne saucisse sèche fumée notamment...

PIERRE BOSCUS CHARCUTIER – TRAITEUR
12320 Saint-Cyprien-sur-Dourdou
Tél. : 05.65.69.84.30
12330 Saint-Christophe-Vallon
Tél. : 05.65.72.63.57
Vous pourrez notamment apprécier la saucisse sèche à l'ancienne et le saucisson cendré... Mais aussi la fameuse fouace de Saint-Cyprien-sur-Dourdou. Choix et commande en ligne www.boscus.net

BOUCHERIE-CHARCUTERIE DEJOU
15, grande rue - 12600 Mur-de-Barrez
Tél. : 05.65.66.22.14
Bœuf fermier extra du Nord Aveyron.

CHARCUTERIE DU CARLADEZ
12, place de Monaco
12600 Mur-de-Barrez
Tél. : 05.65.66.00.50
Jambons secs et saucisse sèche de qualité.

CHARCUTERIE GUY CANCE
Bois de Fumat
12260 Villeneuve d'Aveyron
Tél. : 05.65.81.61.14
Pour ses saucisses sèches de canard notamment...

SALAISONS LINARD
La Vayssière - 12350 Lanuéjouls
Tél. : 05.65.81.90.04
De bons jambons et une très bonne saucisse sèche, du filet mignon, confit délicieux.

LA FERME DE MAYRINHAC
12340 Rodelle
Tél. : 05.65.48.86.92
Présent sur le marché de Marcillac. Une saucisse sèche comme à la maison, un très bon fricandeau.

MAISON CONQUET
16, place de la Patte d'Oie
12210 Laguiole - Tél. : 05.65.44.31.93
Le Bourg -12210 Lacalm
Tél. : 05.65.44.33.05
Spécialiste de viande Label rouge bœuf fermier d'Aubrac.
De la belle charcuterie de montagne artisanale. www.maison-conquet.fr

BOUCHERIE FERRAND
297, rue de l'église
12160 Baraqueville
Tél. : 05.65.69.01.66

BOUCHERIE-CHARCUTERIE NOYER
Tour de ville - 12330 Marcillac
Tél. : 05.65.71.72.22
Agneau fermier laiton, ris d'agneau, bouchées à la reine et pâtés réputés.

BOUCHERIE SERIN
Route d'Espalion
12850 Onet-le-Château
Tél. : 05.65.67.02.35
De la bonne viande de bœuf et une saucisse sèche réputée.
www.serin-freres.fr

Agneau

www. allaiton.com/boutique
Tél. : 05.65.80.82.24
Découvrez la saveur d'une viande d'exception l'Allaiton triple A sur ce site, commande en ligne de gigot exquis ou d'agneau à la découpe livraison dans toute la France.

Chèvre

LA FRICOTINE
Catusse -12450 Calmont
Tél. : 05.65.69.55.80
Dégustation de spécialités caprines.

Viande bovine

GAEC VALENTIN
Frontin - 12780 Vezins-de-Lévézou
Tél. : 05.65.58.80.25

Volaille

AU BEC FIN
2, allée Aristide Briant
12200 Villefranche-de-Rouergue
Tél. : 05.65.45.00.03

Conserveries

LE MANOIR D'ALEXANDRE
Avenue d'Estaing - 12500 Espalion
Tél. : 05.65.48.05.01

CONSERVERIE DE L'AUBRAC
Avenue d'Aubrac
12470 Saint-Chély-d'Aubrac
Tél. : 05.65.44.27.05
Connue notamment pour les tripous de Saint-Chély.

LA FERME DE LAPAYRET
Marin - 12260 Sainte-Croix
Tél. : 05.65.81.73.88
Pour le foie gras...

LA NAUCELLOISE
12800 - Naucelle
Tél. : 05.65.69.20.20
www.maison-charles-savy.fr
Un grand spécialiste des tripous, mais aussi du jambonneau, du chou farci aveyronnais...

GAEC LAFARGE
12330 Mouret
Tél. : 05.65.71.74.08 ou 06.71.11.89.36
Éleveurs de volailles, canards et oies fabrication de gras foies gras, confits...

CONSERVERIE PAPILLON
12230 Saint-Jean-du-Bruel
Tél. : 05.65.62.26.26
www.maison-papillon.fr
Délicieux petits pâtés de grives, canard, sanglier, cailles...

Maraîchers

GAEC DE PORT D'AGRÈS
Le manhol - 12300 Saint-Parthem
Tél. : 05.65.64.02.50

Bel assortiment de légumes et fleurs comestibles sur le marché de Rodez et de Decazeville.

GAEC DE LA FERME D'AGEN
12630 Agen-d'Aveyron
Tél. : 05.65.42.00.17
Cueillette à la ferme de légumes en saison.

LAURENT GINESTET
Tél. : 06.30.85.44.08
De beaux légumes de saison sur le marché de Rodez.

JONATHAN LETZ
Le Bez – 12390 Belcastel
Maraîcher biologique

Marron

MARRONS D'AVEYRON
Seyrolles - 12140 Saint-Hippolyte
Tél. : 05.65.66.13.65
Marrons au naturel et crème de marrons vanille.

Cerise

LA MAISON DE LA CERISE
12520 Paulhe
Tél. : 05.65.59.00.98
Vente et conseils de produits autour de la cerise de la Vallée du Tarn.

Endive

EARL VEYRE
Lieu-dit la Vayssière
12210 Soulages-Bonneval
Tél. : 05.65.44.39.20
En vente sur le marché de Rodez, Millau, quelques grandes surfaces et chez Veyre.

❧ *Gâteaux et pâtisseries*

Échaudé

L'ÉCHAUDÉ DU SÉGALA
Le Figuier – Lespinassole
12800 Crespin
Tél. : 05.65.69.20.51
Sur les marchés et foires.
Un bel assortiment d'échaudés traditionnels et fantaisistes.

Flaune

BOULANGERIE-PÂTISSERIE BONAMI
4, rue Peyssière - 12100 Millau
Tél. : 05.65.60.07.40

PÂTISSERIE SAINT-JACQUES
4, place du Mandarous
12100 Millau
Tél. : 05.65.60.04.03

Fouace

BOULANGERIE-PÂTISSERIE ROUX
12, rue Bardière -12210 Laguiole
Tél. : 05.65.44.33.30
La fouace de Laguiole pur beurre depuis 140 ans .
www.la-fouace-de-laguiole.fr

MAISON FANGUIN-CALSAT
2, avenue de la Gare
12500 Espalion
Tél. : 05.65.44.00.57
Depuis 1911, une fouace (coque) pur beurre très appétissante et de bonnes rissoles aux pruneaux.

MAISON CAVALIER
12560 Campagnac
Tél. : 05.65.70.42.34
12 560 - Saint-Saturnin-de-Lenne
Tél. : 05.65.47.53.30
www. fouace-campagnac.com
Tradition familiale depuis 4 générations.
Présent sur de nombreux marchés.

BISCUITERIE GUY MAJOREL
12360 Camarès
Tél. : 05.65.99.51.49
Une bonne fouace du sud Aveyron et les petits biscotins.

BOULANGERIE-PATISSERIE HUBERT DELMUR
10, route Ségala - 12270 La Fouillade
Tél. : 05.65.65.70.04

MAISON BANCAL
21, avenue de la promenade
12390 Rignac
Tél. : 05.65.64.51.66
Fouace, bonne pompe à l'huile et crocande sur commande.

JORDAN CÉDRIC
9, place Albert Castanié
12140 Entraygues-sur-Truyère
Tél. : 05.65.48.25.96
Pain au feu de bois et fouace

BOULANGERIE SEGONDS
7, place Portail bas - 12390 Rignac
Tél. : 05.65.64.52.39
Fouace et bon pain de campagne...

Soleil

BOULANGERIE-PÂTISSERIE AZAÏS
38, tour de Ville - 12330 Marcillac
Tél. : 05.65.71.75.35
Réputé pour son fameux Soleil de Marcillac, délicieusement parfumé.

BOULANGERIE BOYER
6, route de Decazeville
12330 Saint-Christophe-Vallon
Tél. : 05.65.72.71.53
Vous pourrez y goûter le soleil de Saint-Christophe selon une recette qui se perpétue de père en fils depuis 1890.

Tarte à l'encalat

LA MAISON DES DÉLICES
5, place de Monaco
12600 Mur-de-Barrez
Tél. : 05.65.66.02.22
Une des meilleures tarte à l'encalat et un bon gâteau aux noix.

Gâteau aux noix

PÂTISSERIE DES LACS
Avenue de Pareloup
12410 Salles-Curan
Tél. : 05.65.46.33.45

MAISON BELLOUBET
45, avenue du Rouergue
12350 Lanuejouls
Tél. : 05.65.81.99.64

GÂTEAU À LA BROCHE
La flamme dorée
La Salette - 12330 Salles-La-Sources
Tél. : 05.65.67.38.26

❧ Chocolat

CHOCOLAT BONNEVAL
12500 Le Cayrol
Tél. : 05.65.44.01.22
Ces chocolats sont fabriqués de manière artisanale par les religieuses depuis 1878.

AU SABOT DE NOËL
3, rue d'Armagnac - 12000 Rodez
Tél. : 05.65.68.03.19
Chocolatier et pâtissier raffiné. De bonnes rissoles aux pruneaux.

❧ Confitures et jus

ARTISAN DU FRUIT
3, rue Corbière
12000 Rodez
Tél. : 05.65.75.21.07
Des associations à découvrir : poire-cumin, fraise-réglisse... et toujours des nouveautés. Aussi de bons fruits confits.

LE CLOS D'ÉDOUARD
Ardennes - 12430 Ayssènes
Tél. : 05.65.46.03.56
Un bel assortiment de confitures, variétés de fruits anciennes, confit de violette, orties...

MARC JURÉ
le Mas de Nanc - 12490 Viala-du-Tarn
Sur les contreforts du Lévézou, confiture d'églantine, melon, figues... et une confiture de lait au lait cru fermier comme autrefois.

LES VENTS SAUVAGES
12430 Alrance
Tel : 05.65.67.40.77
Points de vente :
• À Villefranche-de-Panat : aux Berges du Lac & Ets Fabre
• À Alrance : à la Poste
À découvrir pour la confiture bio, mais aussi pour les sirops.

LES COTEAUX DE PRUINES
12320 Pruines
Tél. : 05.65.72.81.16
Pour les jus de pommes.

❧ Miel

GÉRARD CATUSSE
7, rue Payrot – 12000 Rodez
Tél. : 05.65.68.23.20

❧ Fromages

Aligot

BURON DE CALMÉJANE
Tél. : 05.65.48.01.41
Un véritable Aligot réalisé devant vous dans un ancien buron avec une belle vue sur l'Aubrac. De mai à octobre.

BURON DE LA SISTRE
Route de Saint-Chély
Tél. : 05.65.44.26.46
De mai à octobre.

Fromagerie

JACQUES DOLLÉANS
Passage Mazel - 12000 Rodez
Tél. : 05.65.68.07.99
Un beau choix de fromages d'Aveyron et d'ailleurs.

Fromage de chèvre

MARIELLE SOURIE
Alègre - 12330 Marcillac
Tél. : 05.65.74.45.07
De délicieux cabécous bio vendus à la ferme et au marché de Marcillac.

JEAN MATTHIEU
La borie-de-Banroques
12140 Entraygues
Tél. : 05.65.51.61.47
Production de cabécous et chevreaux.

LA CHÈVRE D'OLT
La Vigne - 12560 Saint-Laurent-D'Olt
Tél. : 05.65.42.81.49
De bons fromages sur le marché de Rodez.

Roquefort

www.roquefort.com
Dégustation et vente sur place, à Roquefort.Certains fabricants proposent la visite de leurs caves.

CARLES
Un roquefort raffiné de fabrication artisanale et toujours de qualité.
Tél. : 05.65.59.90.28 www.roquefort-carles.com

YVES COMBES - LE VIEUX BERGER
Tél. : 05.65.59.91.48
www.le-vieux-berger.com

GABRIEL COULET
Tél. : 05.65.59.24.27
www.gabriel-coulet.fr

FROMAGERIES OCCITANES
Tél. : 05.65.59.90.34
www.les-fromageries-occitanes.fr

PAPILLON
Tél. : 05.65.58.50 08
www.roquefort-papillon.com
Le plus affiné et corsé : le Taste Noir. Révélation est le plus crémeux. Il existe un roquefort bio.

SOCIÉTÉ
Caves des Baragnaudes
Tél. : 05.65.58.54.37
www.roquefort-societe.com
Arômes subtiles et raffinées pour le roquefort.

VERNIÈRES FRÈRES
Tél. : 05.65.59.90.23
http://pageperso-orange.fr/vernieres.roquefort/

Les autres fromages de brebis

FERME DE LA BLAQUIÈRE
12520 Verrière
Tél. : 06.82.57.31.96
Tomme pressée, pérails... et miel des causses.

FERME SEGUIN
12150 Séverac-le-Château
Tél. : 05.65.47.62.91
Tomme des Grands Causses, Bleu de Séverac, recuite.

Les fromages de vache

Bleu des causses

CAVES DE PEYRELADE
Peyrelade - 12640 Rivière-sur-Tarn
Tél. : 05 65 62 61 02

Écir

FERMIER GAEC DE L'ÉCIR
Vergne Plaine - 12210 Curières
Tél. : 05 65 44 36 44

Tomme de Brenac et laguiole fermier AOC

COOPÉRATIVE JEUNE MONTAGNE
12 210 Laguiole
Tél. : 05.65.44.35.54
Coopérative Jeune Montagne
Cette coopérative se visite, vous pourrez découvrir les procédés de fabrication ainsi qu'une cave d'affinage.

FERME LOU BRENAC
12420 Graissac - Tél. : 05.65.66.47.15

FERME DE DILHAC
12600 Lacroix- Barrez
Tél. : 05.65.66.19.78

❧ Apéritifs

LES APÉRITIFS MARIUS BONAL
En vente dans de nombreux magasins.
La gentiane d'Aubrac : délicieusement amère.
Le pastis aveyronnais, tout le parfum des plantes de l'Aubrac et des Grands Causses, le thé d'Aubrac, une jolie bouteille, quelques glaçons, découvrez l'arôme de la calament sauvage, une eau de coing parfumée.

AROMATIQUES D'HOMS
12230 Nant - Tél. : 05.65.62.22.56
Un pastis au goût rafraîchissant de plantes aromatiques du Larzac.
Une nouveauté : le génie des Causses, aromatisé aux baies de genièvre et aux épices. Eaux de vie de gratte-cul, mirabelle, églantine des causses...

❧ Bières et sodas

BRASSERIE D'OLT
12130 Saint-Geniez-d'Olt
Tél. : 05.65.52.75.03
Visite et vente de bières d'Aubrac.
Sodas allégés en sucre à la châtaigne, myrtille, sureau...

BIÈRE CAUSSENARDE
Mas Andral - 12540 Saint-Beaulize
Tél. : 05.65.49.45.76 ou 06.70.81.71.25
Fabrication de bière artisanale.
Vente sur le marché de Saint-Affrique.

❧ Vins

Marcillac

CAVE COOPÉRATIVE LES VIGNERONS DU VALLON
12330 Valady - Tél. : 05.65.72.70.21
Une bonne sélection de vins de Marcillac, notamment la cuvée d'Exception et le Domaine de Ladrecht.
Un excellent vin rosé. On y trouve aussi des produits aveyronnais tripous,confitures...
Un Ratafia rosé et un jus de fruit 100 % Mansois.

DOMAINE DES COSTES ROUGES
Combret 12330 - Nauviale
Tél. : 05.65.72.83.85
www.domaine-des-costes-rouges.fr
Une bonne cuvée millésimée et une ferme auberge très agréable.

DOMAINE DU CROS
12390 Goutrens - Tél. : 05.65.72.71.77
La cuvée « vieilles vignes » de Philippe Teulier, un des meilleurs Marcillac.
www.domaine-du-cros.com

DOMAINE DE LA CAROLIE
Cougousse - 12330 Valady
Tél. : 05.65.73.79.01
Un Marcillac à découvrir.

DOMAINE LAURENS
7, avenue de la Tour
12330 Clairveaux
Tél. : 05.65.72.69.37
La « cuvée de Flars » aux arômes capiteux, un vin de garde.
Eaux de vie et ratafias réputés.

JEAN-LUC MATHA
12330 Bruejouls
Tél. : 05.65.72.63.29
www.matha-vigneron.fr
À goûter la cuvée vieilles vignes Peirafi.

DOMAINE DE MIOULA
Saint-Austremoine
12330 Salles-la-Source
Tél. : 05.65.71.83.69
2 purs Mansois le « Domaine de Mioula » et les « Terres d'Angles ».

PHILIPPE CROIZAT
Saint-Austremoine
12330 Salles-la-Source
Tél. : 05.65.71.82.13

Entraygues et le Fel

LES BUIS
Les buis - 12140 Entraygues
Tél. : 05.65.44.50.45

DOMAINE DE LA MÉJANASSÈRE
12140 Entraygue-sur-Truyère
Tél. : 05.65.44.54.76
www.domaine-de-mejanassere.fr

DOMAINE MOUSSET
Le Bourg -12140 Le Fel
Tél. : 05.65.44.50.51

Estaing

DOMAINE DES TERRASSES DE VINNAC
La Frayssinette - 12190 Estaing
Tél. : 05.65.48.05.17

COOPÉRATIVE SCV LES VIGNERONS D'OLT
Zone artisanale La Fage
12190 Estaing
Tél. : 05.65.44.04.42

Côte de Millau

CAVE DES VIGNERONS DES GORGES DU TARN
12520 Aguessac - Tél. : 05.65.59.84.11

DOMAINE BERTAUX
Candas -12490 Montjaux
Tél. : 05.65.58.18.56
www.vins-aveyron.com
Ce domaine pratique une agriculture biologique.

DOMAINE DE BOURJAC
Rue du Colombier - 12520 Aguessac
Tél. : 05.65.59.84.11

Vinaigres et huiles

L'ATELIER D'ARÔMES
Malviès -12330 Marcillac
Tél. : 06.76.41.80.55
De véritables vinaigres de vin rouge aromatisés et concentrés de ciboulette, sauge, basilic... et des eaux aromatisées en spray.

AROMATIQUES D'HOMS
12230 Nant - Tél. : 05.65.62.22.56
Des vinaigres à base de vin blanc issus de l'agriculture biologique. Basilic, échalote, estragon, fenouil, menthe, sarriette, thym, fleur de sureau et romarin. Les plantes sont cultivées et ramassées sur le Larzac.

Safran

LE SAFRAN DE MAGALI GAEC DE BRUYERAS
Le Burgarayras - 12260 Saint-Igest
Tél. : 05.65.29.86.14 ou 06.11.08.34.08
www.lesafran.com
De jolis flacons de pistils de safran et une confiture de noix et safran, confit de safran. Vente de bulbes de safran et de sachets de plantes aromatiques.

Moulin

LE MOULIN DE MÉJANE
12140 Espeyrac
Découvrez les farines de blé bio, l'huile de noix et de noisettes de Bernard Méjane.

Coutelleries

FORGE DE LAGUIOLE
route d'Aubrac
12210 Laguiole
Tél. : 05.65.48.43.34
Dessiné par Philippe Stark, la manufacture regroupe forgerons et artistes couteliers qui façonneront de magnifiques couteaux imaginés par les plus grands designers.
Un grand choix de qualité et visite organisée.

BENOIT L'ARTISAN
21, allée de L'Amicale
12210 Laguiole
Tél. : 05.65.51.55.80
www.laguiole-benoit.com
Une maison respectueuse des traditions, des couteaux de qualité. Visite et stage de fabrication de votre couteau.

CALMELS
3, allée de l'Amicale
12210 Laguiole
Tel. : 05.65.44.30.03
Une des plus anciennes maisons de coutellerie de Laguiole.

LES COUTEAUX DE SAUVETERRE
Tour de ville - 12800 Sauveterre -de-Rouergue
Tél. : 05 65 72 04 83
Deux artistes couteliers assemblent les beaux couteaux de Sauveterre, une fabrication soignée, une technique ancestrale, une belle gamme de couteaux.

Rémouleur

LOU REMOULAIRE
12600 Boussac - Tél. : 05.65.69.09.80
Le seul rémouleur sur votre marché de Rodez le samedi matin, place de la Citée.

Boutiques gourmandes en Aveyron

L'AVEYRON GOURMET
20, rue Louis Oustry -12000 Rodez
Tél. : 05.65.78.67.38
Au cœur de Rodez, une jolie boutique de produits régionaux avec les bons conseils de Philippe Boissonade.

ARTISAN DU FRUIT
3, rue Corbière - 12000 Rodez
Tél. : 05.65.75.21.07
Des petits pots de confitures, condiments, confit au vin de Marcillac, sorbets pur fruits et des surprises réalisé par cet ancien cuisinier.

LA DROSERA
ZA La Poujade - 12210 Laguiole
Tél. : 05.65.54.11.18
www.la-drosera-gourmande.fr
Une grande boutique sur la route d'Aubrac, des blocs de foie gras souvent médaillé, fabricant des fameuses Pétites de Laguiole et un beau catalogue de vente en ligne.

LES HALLES D'AVEYRON
Centre commercial Unicor
Boulevard des Balquières
12850 Onet-le-Château
Tél. : 05.65.67.88.50
Les Halles d'Aveyron, plus de 1450 références aveyronnaises.

LES DÉLICES DE LOUISE
10 Rue Combarel -12000 Rodez
Tél. : 06.07.64.91.10

Sites gourmands réunissant un grand nombre de produits aveyronnais

www.aubrac-artizana.com
www.aveyron.com
www.gourmandises.com
www.saveurs-aveyron.com
www.terroir-aveyron.com
www.7vallons.com

Où trouver des produits aveyronnais à Paris ?

À LA VILLE DE RODEZ
22, rue Vieille du Temple
75004 Paris
Tél. : 01.48.87.79.36
Les meilleurs produits aveyronnais à Paris , salaisons, fromages, tripoux, pâtisseries, vins...

LA BOUTIQUE DU BON COIN
49, rue des Cloys - 75018 Paris
Tél. : 01.46.06.65.96
Foies gras du Manoir Alexandre, pâtés Papillon, pétites, pastis d'Aveyron.

Bibliographie

Alibert Louis, *Dictionnaire Occitan-Français*, Institut d'études occitanes, 1966.

Bard Patrick, *Causses*, Freeway, 1999.

Bedel Christian-Pierre, *Marcilhac*, Mission départementale de la Culture, 2001.
Bedel Christian-Pierre, *Vallée du Lot*, Éditions du Beffroi, 1991.

Briane Gérard et Aussibal Didier, *Paysages de l'Aveyron*, Le Rouergue, 2007.

Chatin Adolphe, *La truffe : Étude des conditions générales de la production truffière*, Bouchard-Huzard, 1869.

Comby Jean-Pierre, *Rêves de pêcheur*, Le Rouergue,1996.
Comby Jean-Pierre, *Rivières, ruisseaux, lacs en Aveyron*, Le Rouergue, 1985.

Cortijos Boris - Lycée Beauregard, *Le Porc en Aveyron*, Éditions Toute Latitude, 2009.

Cosson Michel et Bex Catherine, *Le Vignoble de Marcillac*, Éditions du Beffroi, 1995.

Crozes Daniel, *L'Aubrac*. La Belle aux yeux noirs, Le Rouergue, 2006.
Crozes Daniel, *Le Guide de l'Aveyron*, Le Rouergue, 2003.

Gouvion Colette, *L'Aveyron*, Le Rouergue, 2002.
Gouvion Colette, *Terroirs et gastronomie*, Le Rouergue, 1997.

Gruat P., Taussat R., Jarriot J., Delmas J., Bedel C.-P., Molinié B., Bernard C., Jarrigue F. et Béteille R., *Aveyron*, Éditions Christine Bonneton, 2005.

Heuillet Michel et Tranier Laurent, *Le Veau d'Aveyron et du Ségala*, Éditions Toute Latitude / Le Villefranchois, 2007.

Labbé Maurice et Serres Jean-Pierre, *Chroniques de Roquefort Tome I*, 2004.
Le Coz Pierre, *Voyage au cœur du Rouergue*, Éditions Loubatières, 2003.

Leterme Evelyne et Lespinasse Jean-Marie, *Les Fruits retrouvés*, Le Rouergue, 2008.

L'Inventaire du patrimoine culinaire de la France. Midi-Pyrénées : Produits du terroir et recettes traditionnelles, Albin Michel / CNAC, 1996.

Nouyrigat Francis, *Fleurs et paysage d'Aubrac*, Le Rouergue, 1998.

Séguret Pierre, *Mon Rouergue*, La Maison du Livre, 1968.

Strang Paul, *Vins et vignerons du sud-ouest*, Le Rouergue, 2009.

Vernhet Alain, *La Gaufresenque*, Éditions du Beffroi, 1991.

Remerciements

Mille remerciements pour leur accueil et leur gentillesse à :

ARTS DE LA TABLE
Bastide
(rue du Bal – 5, rue d'Armagnac – 12000 Rodez – Tél. : 05.65.68.00.50).
Cactus
(1, rue Eugène Viala
12000 Rodez – Tél. : 05 65 68 32 09),
Caprices d'intérieur
(Centre commercial Eldorado
12740 Sébazac – Tél. : 05.65.74.41.37).

TEXTILES
Jeannine Cros
(11, rue d'Assas 75006 Paris
Tél. 01.45.48.00.67).
Caravane Chambre 19
(19, rue Saint-Nicolas – 75012 Paris
Tél. : 01.53.02.96.96).
Mère Blanc
(20, boulevard Laromiguière
12000 Rodez – Tél. : 05.65.68.00.38).

BROCANTE
La Chine du Vallon
(40, avenue de la Tour – 12330 Clairvaux
Tél. : 05.65.42.84.19).

POTERIES D'ART
Sylvie Gravellard et Serge Guerrier
(www.teranga-asso.com).
Valérie Arino-Roux
(1, rue de l'égalité – 12300 Décazeville
Tél. : 06.28.32.07.86)
Atelier Ici la terre
(Marlène Huet : 46160 Saint-Sulpice).

COUTEAUX
Forge de Laguiole
(Route d'Aubrac BP 9 - 12210 Laguiole
Tél. : 05.65.48.43.34).

Calmels
(Allée de l'Amicale
12210 Laguiole Tél. : 05.65.44.43.03).

Atelier de Sauveterre
(Guy Vialis, 12800 Sauveterre
Tél. : 05.65.72.04.83).

ACCESSOIRES
Fond vert CASA, bol en bois MUJI, bol fougère Monoprix.

Agneau Allaiton d'Aveyron : Jacques Greffeuille.
Veau de l'Aveyron et du Ségala : Philippe Mouly.
Volailles et canards gras : GAEC Lafarge.
Ovins : GAEC des Pargades et GAEC de Billorgues.
Boucherie et charcuterie : Lucien Conquet.
Pisciculture biologique de la source du Durzon.
Fromage de chèvre biologique : Marielle Sourie.
Fromage Laguiole : Coopérative Fromagère Jeune Montagne.
Fromage Rodez : Valmont – Marie-Hélène Regourd et Michel Pasquier ; Roquefort Carles : Delphine Carles.
Fromager-affineur : Jacques Dolléans.
Endives : EARL Veyre.
Maraîcher : Bernard Roualdès.
Maison de la cerise à Paulhe.
Vergers de Pruines : Monsieur François Pouget.
Maison de la truffe à Comprégnac.
Apéritifs Marius Bonal : Guy Cayssials.
Gentiane : Serge Chabaud.
Vin de Marcillac : Philippe Teulier et Monsieur Ibfen.
Plantes aromatiques : Homs.
Moulin huile de noix : Henri Antraygues.
Vinaigre : Monsieur Garrigou.
Safran : Magali Marty.
Confitures : Bernard Salinier et le Clos d'Édouard.

Merci

À Catherine Couderc-Vexiau de m'avoir choisie pour la partie cuisine du livre,
À Christine Fleurent pour la poésie et la vie qu'elle donne au livre grâce à ses photos,
À mes parents Marcelle et Raymond Fagegaltier qui ont su me donner le goût du bien manger et du bien vivre,
À Michèle Fagegaltier, ma sœur et Bruno Rouquier, mon mari pour leur complicité permanente,
À Maurice Ginestet et Raymond Maurel, deux passionnés,
un pour les goujons l'autre pour les écrevisses, des produits devenus si rares,
À Joël Jullie pour ses très belles morilles,
À Gilles Héliez, pour son dévouement et son professionnalisme,
À tous mes collaborateurs pour leur travail et leur patience,
À tous ceux qui m'ont appris ce métier et à tous ceux qui m'ont permis de progresser,
À tous ceux que j'oublie...
Nicole Fagegaltier

Merci à Nicole Fagegaltier qui, à travers les saveurs de sa cuisine m'a fait aller au devant de la belle diversité de l'Aveyron, et à Christine Fleurent, son regard attentif et sensible traduit les délices et les charmes de ce pays.
Je remercie tout particulièrement Madame Marcelle Fagegaltier, Michèle Fagegaltier et Bruno Rouquier ainsi que tout le personnel du Restaurant-du-Vieux-Pont à Belcastel.
Un grand merci à René Couderc et Bénédicte Victor-Pujebet pour leur attention.
Arlette et René, Marguerite et Jean-Paul, Catherine et Bernard et Maurice pour leur gentillesse.
Bravo à toute l'équipe qui a permis de réaliser ce livre aux Editions du Rouergue.
Catherine Couderc-Vexiau

Toutes les photographies de ce livre ont été réalisées par Christine Fleurent à l'exception des pages 36 (en haut) et 185 (deux photos en haut), qui ont été réalisées par René Couderc.

Fabrication : Karima Chabaud
Photogravure : Caroline Quéré, Terre Neuve (Arles)
Achevé d'imprimé en avril 2010
sur les presses de l'imprimerie Arte Grafica, à Vérone.
ISBN : 978-2-8126-0135-4
Dépôt légal : mai 2010

Imprimé en Italie